矢野円郁 著

時間記憶の認知心理学
記憶における経過時間とその主観的感覚

COGNITIVE
PSYCHOLOGY
OF TEMPORAL
MEMORY

ナカニシヤ出版

まえがき

　とても昔の出来事を思い出したときに,「懐かしい」という感情を抱いたり,「まるで昨日のよう」に感じたりするといった感覚をもつといったことは,誰しも経験があることだろう。また逆に,最近の出来事なのに,もっと昔のことのように感じることもあるだろう。出来事が起きた日時を,知識として具体的に知っている場合でさえ,主観的には違った経過時間を感じることがしばしばある。このような,ある出来事から現在までの経過時間に対する主観的感覚はどのようにして生じるのであろうか。また,出来事の具体的な生起日時を知らない場合はいったいどのようにして,ある出来事がいつ起きたかを判断したり,出来事からの経過時間を推定したりするのであろうか。

　本書は,このような問いから発し,経過時間の主観的感覚に影響する要因を検討した認知心理学的研究をまとめたものである。これまでの記憶に関する研究の多くは,客観的正確さを問題とするものが多く,主観的感覚という観点から記憶のメカニズムの解明に取り組んでいる研究はまだ数少ない。記憶とは主観的体験の一種であるため,客観的正確さを左右する要因を調べるだけでなく,主観的感覚や記憶に基づいた判断のバイアスに関わる要因の検討が,その本質の解明に重要な知見をもたらすであろう。

　本研究は,統制された実験室実験の手法を用いた基礎的研究であるが,日常記憶現象の基盤となるメカニズムを探究したものであり,同様の記憶に関する基礎研究のみならず,応用的な視座からの研究の発展にも貢献しうる。

* * *

　本書は,2007年に慶應義塾大学大学院社会学研究科に提出した学位論文をもとに,2009年度の中京大学「学術図書出版助成金」の交付を受けて刊行したものである。

本研究のご指導をいただいた慶應義塾大学文学部伊東裕司教授，これまでの研究に対して貴重な助言を与えてくださった諸先生，先輩方，データの収集に際してご協力を賜った数多くの方々に深く感謝いたします。また，研究活動を支え続けてくれた両親に感謝します。

　最後に，本書の出版に当たり，編集の労をとっていただいたナカニシヤ出版の米谷龍幸氏に心より感謝申し上げます。

2010 年 2 月
矢野 円郁

目　次

まえがき　*i*

第1章　これまでの時間記憶に関する研究

1-1　日常生活における時間記憶　*2*

1-2　時間判断に関わる2つのプロセス　*3*
　　1-2-1　Friedman(1993, 1996) による分類　*4*
　　1-2-2　再認判断の2重プロセス・モデルとの関係　*6*
　　1-2-3　2つのプロセスを分離した研究　*7*

1-3　時間記憶の神経基盤：数秒から数時間のスケールの時間判断　*9*
　　1-3-1　前頭葉　*9*
　　1-3-2　側頭葉内側部　*12*

1-4　距離ベースの判断に焦点を当てた認知心理学的研究　*13*
　　1-4-1　連続ラグ数判断パラダイムを用いた Hinzman による一連の研究　*14*
　　1-4-2　時間判断の2つのプロセスと Hinzman の2つの仮説の関係　*17*

1-5　自伝的・社会的イベントに関する時間判断
　　　：より長いスケールの時間判断　*18*
　　1-5-1　質問紙による調査研究　*18*
　　1-5-2　脳機能画像研究　*20*
　　1-5-3　神経心理学的研究　*20*

1-6　判断の客観的正確さと主観的感覚　*23*
　　1-6-1　時間的距離感と再認判断における既知感　*24*
　　1-6-2　経過時間についての"誤った"主観的感覚（false recency）　*26*

1-7　本研究の目的と意義　*27*

第2章　経過時間の主観的感覚に関する実験的研究

2-1　文脈要因の検討　30

2-1-1　実験1　経過時間判断における文脈の効果（1）：ラグ数判断　30

2-1-2　実験2　再認判断における文脈の効果　38

2-1-3　実験3　経過時間判断における文脈の効果（2）：リスト弁別　43

2-2　頻度要因の検討　54

2-2-1　実験4　経過時間判断における接触頻度の効果（1）：リスト弁別　54

2-2-2　実験5　頻度判断と経過時間判断の関係：リスト弁別　63

2-2-3　実験6　経過時間判断における接触頻度の効果（2）：ラグ数判断　73

第3章　総合考察

3-1　時間判断と再認判断における2つのプロセスの関係　82

3-2　時間的文脈想起の特異性：時間情報と非時間情報の意識的想起　84

3-3　経過時間判断における文脈効果　86

3-4　経過時間判断と学習頻度　88

3-5　時間判断における加齢の影響　91

3-6　距離ベースの経過時間判断の研究パラダイム　93

3-7　まとめと今後の展望　95

引用文献　99

事項索引　107

人名索引　108

第1章

これまでの
時間記憶に関する
研究

1-1 日常生活における時間記憶

　我々は，しばしば日常生活の中で，ある出来事が「いつ」起きたのか，「どれくらい前」の出来事かということを思い出すことがある。このような，出来事の時間的側面に関する記憶を時間記憶と呼ぶ。日常生活においては，たとえば，病気にかかって病院で診察を受ける際，過去に「いつ」どのような病気やけがをしたことがあるかを尋ねられることがある。また，想起の必要性がない場合でも，自発的に過去のことを"懐かしく"思い出し，「何年前」の出来事であったかを考えたりすることもあるだろう。このように，出来事の時間に関する情報は，日常生活を営む上でも重要な役割を担っているが，人はどのようにしてそれを想起しているのであろうか。特に，具体的にその日時を知らない場合，いったい人はどのようにして，ある出来事がいつ起きたかを判断したり，出来事からの経過時間を推定したりするのであろうか。また，それらの判断はどの程度正確なものであろうか。本研究では，このような時間記憶に基づく判断プロセスについて検討する。

　出来事の時期の推定能力が重要になる場面は，「いつ」ということ自体が想起の対象（ターゲット）である場合だけではない。時間以外の内容が想起の対象である場合にも，いつ頃の出来事か，今からどれくらい前のことかという，おおよその見当をつけることによって，ターゲット想起の手がかりにもなると考えられるからである。つまり，どれくらい前のことかということを直感的に推定したり自動的に想起することによって，その後の想起が円滑になる場合がある。たとえば，探し物をしている場合，最後にそれを見たのがいつだったかを判断できることによって，その場所を同定しやすくなることもあるだろう。あるいは，見覚えのある顔だが誰か思い出せないというとき，その人に会ったのがいつ頃かのおおよその見当がつけば，どこの誰かを同定できることもあるだろう。また，古い情報を捨てて，新しい情報を利用しなければならないような状況においても時間の感覚が重要になる。たとえば，職場から帰宅するとき，駅前で，今朝，通勤時にとめた自転車の場所を思い出す場合に，時間の感覚がなければ，昨日とめた場所と今日とめた場所の区別が難しいだろう。このように，ある出来事の時間（時期）についての直感的な判断は，その後の意識的な記憶想起や判

断にも影響すると考えられるため，そのような直感的な時間判断がどの程度正確に行われるのか，どのような情報に基づいて行われるのかを知ることは，記憶プロセスの解明にとって非常に重要である．

1-2　時間判断に関わる2つのプロセス

　時間についての記憶や記憶の古さの判断に関わる認知メカニズムについては，実験室的研究と日常記憶研究の両方においてこれまでにも多くの研究がなされている．ある出来事が「いつ」起きたかということを文脈情報の一部として意識的に正確に想起する場合と，それが今から「どれくらい前」のことと"感じるか"という経過時間についての主観的・直感的な感覚は，そのメカニズムも異なる部分があると考えられる．しかし，この2つを明確に分類している研究は少なく，Friedman (1993, 1996) が時間記憶に関する研究のレビューで初めてそのような区別を行っており，前者を位置ベース (location-based) の時間判断，後者を距離ベース (distance-based) の時間判断と名付けた．特に，主観的・直感的な経過時間感覚，すなわち距離ベースの時間判断に焦点を当てた研究は少ない．最近になって，これらのプロセスを分離する試みを行っている研究がいくつか報告されている (Bastin et al., 2004; Curran & Friedman, 2003; 下島, 2001)．ある出来事がいつ起きたことであるかを実際に正確に知っている場合でさえ，主観的には実際よりもずいぶん昔のことのように感じたり，あるいは逆に，つい最近のことのように感じることがしばしばあり，このような（誤った）経過時間に対する主観的感覚の生起メカニズムを考える上でも，時間判断を単一のプロセスととらえるのではなく，位置ベースと距離ベースのプロセスに分離するのが妥当であろう．

　このような"主観的感覚"を科学的に解明するにあたっては，言語報告などの意識的な反応に基づく古典的な認知心理学的手法だけでなく，その神経基盤の解明を目指す神経心理学的手法および脳機能画像法をも取り入れた研究を組み合わせることが，有効であると考えられる．第1章ではまず，Friedman による位置ベースの時間判断と距離ベースの時間判断の区別を紹介し，その観点から，記憶の古さの判断に関わるさまざまな認知心理学的研究，神経心理学的

研究および脳機能画像研究を概観する。

本節では，過去のイベントの生起時間についての記憶判断に関わる2つの認知プロセスを，Friedman (1993, 1996) による"位置"と"距離"という用語を用いて紹介する。位置とは，1日や1週間のサイクルなどの，社会的あるいは個人的な時間の部分の「いつ」という日時情報のことである。距離とは，イベントの生起から現在までの時間的隔たりの評価，すなわち，「現在からどれくらい前」かという情報のことである。「どれくらい前」かという情報がわかれば「いつか」という日時情報は計算によって知ることができるし，逆に，「いつ」ということがわかれば，今から「どれくらい前」のことかを知ることができるため，直感的にはそのような区別は人工的に思えるかもしれないが，その認知的プロセスを考えるにあたってはこの区別が重要になる。本節ではまず，"位置"ベースと"距離"ベースのプロセスの概念を示し，その2つのプロセスを分離してそれぞれの特性を調べた研究を取り上げる。

1-2-1　Friedman (1993, 1996) による分類

位置ベースのプロセス　　位置ベースの時間判断プロセスについての説明理論には，大きく分けて，時間タグ理論と再構成理論（あるいは文脈連合理論）と呼ばれる2つの理論がある。時間タグ理論の説明では，イベントの符号化時に固有の時間情報（時間タグ）が自動的に付加され，そのイベントがいつ生起したかを判断する際には，その時間タグにアクセスするとされる（e.g., Flexser & Bower, 1974）。しかし，時間のコード化が自動的に行われることを支持する実験結果が乏しい。一方，再構成理論は，位置ベースのプロセスについての最も有力な理論であり，時間タグモデルと異なって，固有の時間情報が経験時に符号化されるという前提は置かず，一般的知識と関連づけた文脈情報のみを必要とする。この理論では，過去のイベントの時間判断は，そのイベントに関連するあらゆる情報を想起して，可能なところで，この情報を社会的，日常的，個人的時間パターンの意味知識に関連づけることによって行われるとされる（e.g., Friedman & Wilkins, 1985; Guenther & Linton, 1975）。

距離ベースのプロセス　　距離ベースの時間判断プロセスについての主要な説明理論には，年代順体制化理論と強度理論がある。年代順体制化理論では，

エピソード記憶はイベントの生起順序に従って体制化されると仮定され，過去のイベントの時間は，記憶の貯蔵庫における現在からのある種の距離をもとに判断される。しかし，この理論の予測のほとんどは，他の理論でも予測可能であり，理論の検証が困難であった。唯一の独自の予測は，イベントが意味的に関連していない場合でも，イベントの時間的近接性を想起できるというものであるが，信頼性の高い結果は得られていない（Friedman, 1993）。一方，強度理論は，時間経過に伴って自然に記憶痕跡が弱まるが，そのような減衰が記憶の古さについての量的情報を提供すると提唱する（e.g., Hinrichs, 1970）。実験室実験では，強度理論を支持する結果はごくわずかであり，反する結果が多い。しかし，このことは距離情報が時間判断に対する重要な手がかりとならないということではなく，時間判断についての研究のほとんどが位置ベースのプロセスの利用にバイアスをかけるようなパラダイムになっていることが原因であると考えられる。これらの個々の理論の妥当性については既に検討されているため，本章では，個々の理論を比較検討するのではなく，これらの理論を位置ベース／距離ベースという大きな区分でとらえなおしたFriedmanの観点に沿って，その後の研究を概観する。

　時間記憶に関する研究では，実験参加者は通常，過去のイベントの時間——リストの位置や日付，時間的距離など——を繰り返し，できる限り正確に判断することが求められている（と考えている）。このことは，参加者に対して，最も正確に判断できる方法を用いるように仕向けている。多くの人は，距離の印象は多くの目的に対してかなり不正確である一方，位置ベースの処理は正確な情報を生み出すことが多いということを知っている。たとえば事件の調査などで，過去の出来事の時間に関する重要な質問を受けた場合，直感的な距離情報に依存して答える人はほとんどいないだろう。想起できることや質問の中で与えられた情報に基づいて，できるだけ詳細に時間を再構成しようと試みる。このことは，距離情報が用いられないということを意味しているのではなく，単に，直感的に，フォーマルな文脈ではその情報は解決力がないと思われているだけである。正確さがあまり重要でない場合，たとえば2つのレストランのうち最近行ったのがどちらだったかを判断する場合や，実際の距離に対してスケールが大きい場合，たとえばあるレストランで最後に食事をしたのがこの1年

以内のことかどうかを判断する場合は，距離の印象がもっと大きな役割を担うかもしれない。つまり，過去のイベントの時間を想起する際には，複数の処理が同時に行われており，ある特定の理論ひとつで説明できるものではなく，どの理論もある面では正しいということができる。

時間の記憶についての多くの研究において，参加者に位置ベースのプロセスを使用させ，距離ベースのプロセスを使用させないというバイアスが生じているならば，距離ベースのプロセスの特性を知り，その影響力を示すためには，実験パラダイムの改良，すなわち位置情報の再構成が困難であるような条件を作ることが要求される。イベントの位置を再構成する時間的余裕がないよう回答に時間制限を加える，あるいは，長い時間スケールにおける位置の再構成がおそらく不可能であると思われる子どもや，その能力が低下していると考えられる高齢者を対象とするなどの方法が考えられる。これらの方法を用いることによって，距離ベースのプロセスの本質や，経過時間に対する主観的感覚について調べることができるであろう。

1-2-2　再認判断の2重プロセス・モデルとの関係

このような位置ベースと距離ベースの時間プロセスの区分は，再認記憶判断における2重プロセス・モデル（dual-process models）で仮定されている2つのプロセスの区分に対応している。このモデルは，再認記憶判断に関する最も有力なモデルのひとつであり，意識的想起（recollection）と親近性（familiarity）に基づく判断の2つのプロセスが仮定されている（レビューとして，Yonelinas, 2002）。学習時の詳細な文脈情報を想起することによって，あるイベントを再認するプロセスが意識的想起であり，一方，そのような学習時の詳細は想起できないが，呈示されたイベントそのものに対する強い親近性（既知感）によって再認するプロセスが親近性判断である。位置ベースの時間判断は，判断を求められている特定のイベントと関連があるイベントで，かつ，それよりも時間を同定しやすいイベント（ランドマーク）を想起することによって，ターゲットイベントの時間を同定していくというプロセスであり，意識的想起プロセスの一環としてとらえることができる。一方，距離ベースの時間判断は，そのような意識的なランドマークとの関連づけではなく，ターゲットイベントそのものから推定され

る直感的・感覚的な経過時間感覚に基づく判断であり、親近性判断に類似したプロセスといえる。

1-2-3 2つのプロセスを分離した研究

Friedmanらの研究グループによる、位置ベースのプロセスと距離ベースのプロセスを区別してそれぞれの特性を調べた研究を2つ紹介する。

Curran and Friedman（2003）　事象関連電位（ERP）を用いた脳機能研究によって2つのプロセスの分離を試みた。全参加者に2日にわたって線画リストを3つ呈示した。1日目にリスト1を呈示し、2日目にリスト2と3を呈示した。リスト1と2は同じ文脈で呈示され、リスト3のみ異なる文脈で呈示された。2種類の文脈は、線画呈示の背景色やモニターの大きさ、部屋の広さや明るさ、および参加者の座る椅子が異なっていた。線画刺激に対する参加者の課題には、好き嫌い判断課題と頻度判断課題（線画に呈示される物や状況を日常生活で目にする頻度の評定）の2種類あり（いずれも4段階評定）、リストと文脈と課題の組み合わせはカウンターバランスされた。リスト3呈示後、2つの記憶テストが行われた。まず、日にちテストでは、呈示される項目が「リスト1」の項目、「リスト2」の項目、「新奇項目」のいずれかを判断した。リスト1と2の文脈は一定であったため、このテストで位置ベースのプロセスを利用するのは困難であり、逆に、リスト1と2は1日の間隔があるため、距離ベースのプロセスが有効であると想定された。さらに、距離ベースのプロセスに依存するように、「このテストでは、項目を見たのが今日だったか昨日だったかについての直感を利用して判断するのがよいでしょう」と教示した。次に、文脈テストでは、呈示される項目が「リスト2」の項目、「リスト3」の項目、「新奇項目」のいずれかを判断した。リスト2と3は時間的に近接しているため、距離ベースのプロセスはあまり有効でないが、逆に、文脈が異なるため、主に位置ベースのプロセスに依存して判断されると想定された。さらに、「線画を学習した文脈を想起することが有効である」と教示し、位置ベースのプロセスを用いるよう奨励した。その結果、文脈想起の課題でしばしば観察される前頭葉におけるERP振幅の後期成分の増加は位置ベースのプロセスと関連し、距離ベースのプロセスとは関連がないことが示され、文脈の再構成に基づく位置ベースのプロ

セスによるイベントの時間記憶において前頭葉が重要な役割を担っていると結論づけられた。

　この実験では，教示によって各テストで用いる判断ストラテジーの方向づけを行い，実験後には，教示通りのストラテジーを利用していたことを内観報告によって確認するとともに，反応時間や虚再認率などの結果のパターンから，これらのテストによる2つのプロセスの区分の妥当性を示しているが，日にちテストでも位置ベースのプロセスが完全に使えないわけではなく，各テストに両プロセスの要素が混在している可能性は高い。しかし，少なくとも相対的には，日にちテストでは"より"距離ベースの，文脈テストでは"より"位置ベースのプロセスに依存していたと考えられ，両テスト条件のERPを比較した結果が，再認判断における意識的想起に前頭葉が重要であることを示した先行研究結果（レビューとして Romine & Reynolds, 2004）と矛盾しないことからも，Curran らの解釈は妥当と考えてよいであろう。

　Bastin et al.（2004）　　先の研究結果を踏まえて，2つのプロセスにおける加齢の効果を検討した。Curran and Friedman（2003）のパラダイムと同様に，2日にわたる線画リストの偶発学習と2つのリスト弁別課題（日にちテストと文脈テスト）を行った。おもな変更点は2つあり，再認手続きを2段階にし，まずテスト項目が呈示されたかどうかの再認判断を行った後にリスト弁別を行ったということと，再認判断とリスト弁別の両方に Remember/Know/Guess 手続き（RKG）を付加したことである。RKGとは，各項目に対して判断を行う際に，その項目の学習時のエピソードを鮮明に想起して判断したのか（Remember），親近性に依存して判断したのか（Know），あるいは勘や推測によって選んだのか（Guess）を参加者自身が内観報告するというものである。RKGは，再認判断の2重プロセスにおいて，意識的想起と親近性に基づく判断を分離する際に用いられる一般的な手続きであり，前述のように，Bastin らも再認判断の2つのプロセスと時間判断の2つのプロセスが対応づけられることを前提としている。実験の結果，高齢者では，文脈テストより日にちテストの方が有意に成績が良かったが，若年者では両テストとも同程度の正答率であった。日にちテストでは，両群とも Know 判断が多く，距離ベースの判断を行っていることが示唆された。一方，文脈テストでは，若年者では Remember 判断の方が Know

判断よりも有意に多く，位置ベースの判断を行っていたが，高齢者では両判断の割合が等しかった。なお，両テストにおいて，加齢による低下が示され，特に，文脈テストにおいて年齢差が大きかった。これらの結果は，しばしば時間の記憶においてみられる年齢差のおもな原因が，文脈情報の再構成によってイベントの生起時間を同定するという位置ベースのプロセスの加齢による低下にあることを示唆している。

これらの2つの研究結果は，時間判断のプロセスを，位置ベースと距離ベースの2つに分類することの妥当性を支持している。

1-3 時間記憶の神経基盤：数秒から数時間のスケールの時間判断

経過時間についての判断や時間順序の記憶については，脳損傷患者と健常者のパフォーマンスを比較した神経心理学的研究や脳機能画像法を用いた研究も数多くあり，時間の記憶についての神経基盤が明らかにされつつある。前頭葉損傷患者や海馬を中心とする側頭葉内側部損傷患者が，経過時間弁別や系列順序再構成などの時間順序の符号化と想起を要求する課題で障害を示すことはよく知られている。本節では，位置ベースおよび距離ベースの2つのプロセスという観点を踏まえ，前頭葉と側頭葉内側部のそれぞれの時間記憶における機能に関する神経心理学研究および脳画像研究を概観する。

1-3-1 前頭葉

前頭葉損傷による記憶障害では，海馬を中心とした側頭葉内側部損傷による記憶障害とは異なり，情報の内容そのものの記憶は保たれている場合が多いが，その情報をいつ，どこで，どのような順序で得たのかという文脈情報に障害がみられる（レビューとしてRomine & Reynolds, 2004）。特に，時間に関する文脈情報には，前頭葉のうち，主に背外側部が重要な役割を担っていることが示されている（Kopelman, Stanhope, & Kingsley, 1997）。また，前頭葉損傷で時間判断の障害がみられるのは，時間情報を含む全般的な記憶の組織化における方略的な処理の障害によるものであり，時間情報に関しても自動的な処理は保たれているという見解が主流である。たとえば，Mangels (1997) は，イベントの意

図的な学習条件と偶発学習条件の時間順序再構成成績を比較して，前頭葉（背外側部）損傷患者でも偶発条件では健常者と差がないが，意図的な学習条件では健常者よりも有意に成績が悪く，自動的な時間タグの符号化は保たれているが，再構成プロセスにおける意識的な系列情報の組織化に障害があることを示した。また，別の研究では，再認された項目が時間的に隔てられた2つのリストのどちらで学習したかを判断する時間的リスト弁別課題において，視覚イメージ化や言語化による動作の自己関連づけなど，いかなる意図的な符号化条件によっても，前頭葉損傷患者のリスト弁別の正確さは高まらないが，被験者実演課題（subject-performed tasks）によって運動プログラムを用いた符号化を行うと健常者と同等のレベルの正確さに改善したことから，手続き記憶や運動記憶表象に基づく自動的な処理による促進効果が保たれていることが示されている（Butters et al., 1994）。

　このような意図的な符号化と自動的な符号化の処理の違いは，位置ベースと距離ベースのプロセスの区別とは異なる。後者は想起プロセスに関する区分であり，偶発学習によるイベントの符号化を行った場合でも，時間判断時にそのイベントに関する意識的想起を行った場合は，位置ベースの判断といえる。逆に，意図的にさまざまな文脈情報と関連づけながら符号化したイベントに関する時間判断であっても，判断時間を短く制限されるなど，実験的操作によって文脈想起が妨げられた状況で直感的に判断した場合は，距離ベースの判断といえる。ただし，符号化時の意図性／自動性の実験的操作は，想起時のプロセスに影響しうるため，まったくの独立した区分というわけではない。意図的に文脈情報と関連づけながら符号化したイベントは，偶発学習によって符号化したイベントよりも，想起時に文脈情報を意識的想起できる可能性が高くなるため，位置ベースの時間判断が利用しやすくなるからである。したがって，とりわけ想起時に意識的想起を妨げるような実験手続きをとっていない場合は，意図的な符号化と自動的な符号化の条件比較によって生じた違いは，（少なくとも相対的には）位置ベースと距離ベースの時間判断の違いを反映していると考えられる。このことを前提とすると，前頭葉損傷患者において，自動的な符号化条件では健常者と差がなく，意図的な符号化条件で健常者よりも時間記憶成績が悪いという結果は，前頭葉が位置ベースのプロセスの基盤であることを示唆して

1-3 時間記憶の神経基盤：数秒から数時間のスケールの時間判断

いるといえる。このことは，意識的想起が前頭葉機能であることを使示した先行研究とも矛盾しない（レビューとして Romine & Reynolds, 2004）。

　健常者を対象とする脳機能画像研究でも，時間的順序の記憶に前頭葉，特に前頭前野が関連していることが示されている。たとえば，項目再認課題と比較して，呈示された2つの学習項目の呈示順序を判断するという相対的な時間順序判断課題で前頭前野（背外側部）により強い賦活がみられることが機能的磁気共鳴画像法（fMRI）（Konishi et al., 2002）や陽電子放出断層撮影法（PET）（Cabeza et al., 1997），ERP（Tendolkar & Rugg, 1998）を用いた研究で示されている。また，高齢者と若年者のパフォーマンスを比較した研究でも，加齢による時間順序記憶の低下が数多く報告されているが，それは前頭葉機能の低下が原因であるということが，前頭葉機能を測定する課題の成績との相関を調べた研究（Fabini & Friedman, 1997; Parkin, Walter, & Hunkin, 1995）や脳機能画像法を用いた研究（Cabeza et al., 2000; Trott et al., 1999）で示されている。さらに，前頭前野の左右半球の機能の違いに関して，Suzuki et al. (2002) が，異なるリストで呈示された2項目の呈示順序と同一リスト内の2項目の呈示順序についての判断を比較し，前者が右前頭前野と，後者が左前頭前野と関連していることを示し，異なるエピソード間と同一エピソード内の時間的文脈の想起に関連する認知プロセスが異なることを反映していると結論づけた。ただし，時間順序判断中の（右）前頭前野の賦活は，エピソード記憶の想起に固有な処理を反映しているのではなく，より一般的な方略的な組織化プロセスやモニタリングプロセスを反映している可能性も指摘されている（Henson, Shallice, & Dolan, 1999; Rajah & McIntosh, 2006）。

　エピソード記憶の時間的文脈の想起においてみられる前頭葉の賦活や，前頭葉損傷による時間的文脈想起の障害が，時間以外の文脈想起の場合と異なるのか，時間情報に固有の処理に関連する部位が前頭葉にあることを反映しているのかどうかということも検討されてきている。たとえば，Fujii et al. (2002) は単語の聴覚呈示を用いて，刺激呈示を行った人物（男性／女性）の違いによる手がかり再生時と，時間的文脈（昨日／今日）の違いによる手がかり再生時の脳の賦活をPETによって比較した。その結果，両文脈手がかりで共通して賦活した部位（右中前頭回および右帯状回後部）に加えて，異なる部位の賦活がみられ

た。特に，人物文脈での単語再生条件では，左島が賦活したのに対し，時間的文脈における単語再生条件では，前脳基底部および右上側頭回に賦活がみられた。また，同研究グループによる PET を用いた研究で，時間的文脈情報と空間的文脈情報の想起を単純な再認判断時の脳の賦活と比較したところ，両文脈情報で共通に賦活する脳部位もあったが，かなりの異なる脳部位の賦活が示された。空間的文脈情報の想起に特異的に賦活がみられた部位は上頭頂小葉や帯状回後部であり，時間的文脈情報の想起では前頭葉眼窩部後部の特異的な賦活が示された (Fujii et al., 2004)。これらの研究から，時間情報を含むさまざまな文脈情報の想起に関して，各タイプの情報に固有の神経基盤の存在が示唆される。

1-3-2 側頭葉内側部

　時間順序の記憶想起に重要な役割を担っているのは前頭葉だけではなく側頭葉内側部も関与していることが，主に損傷研究によって示されている。海馬を中心とした側頭葉内側部の損傷によって生じる健忘症では，項目や出来事の内容の記憶そのものが低下するが，内容の記憶以上に時間情報の記憶が低下するのかどうかということが研究されてきている。たとえば，ある項目が呈示されたのが複数のリストのうちのどれかを判断するリスト弁別課題や呈示順序を再構成する時間系列順序課題など符号化時の文脈の意識の想起が要求される課題——すなわち位置ベースの時間判断課題——では，健忘症患者で障害がみられる (Downes et al., 2002)。一方，2つの項目のうちより最近に呈示された項目がどちらかを選択するような時間順序判断課題——符号化時の文脈の回復を伴わずとも，各項目に対する相対的な時間的距離の直感的な比較による判断が可能であるため距離ベースの時間判断に依存すると考えられる課題——では，健忘症患者は健常者と同レベルである (Sagar et al., 1990)。ただし，このような相対的な時間順序判断で障害が示されないのは，古い方の項目を忘れてしまっており，単に覚えのある方を選択しているだけという場合でも正解できてしまうため，真の時間記憶のテストになっていない可能性が指摘されている。したがって，時間情報に固有の記憶障害を調べるためには，項目自体の再認を条件とした上での時間判断を調べるようなパラダイムで検討しなければならない。そのように項目再認記憶と時間順序記憶の低下を分離して比較した研究では，たと

えば，海馬の選択的損傷によって，項目再認記憶は比較的保たれる，あるいは健常者と同レベルであるが，時間順序の記憶が有意に低下することが示されており (Hopkins, Kesner, & Goldstein, 1995; Mayes et al., 2001)，海馬損傷によって連合記憶の形成が阻害されることが時間順序記憶の低下の原因であることが示唆されている (Downes et al., 2002)。また，健常者を対象とする fMRI を用いた相対的な時間順序判断の研究では，順序関係の意図的な符号化を行った2項目に対する時間順序判断の場合には側頭葉の内側部が賦活し，関係的処理が妨害され項目ベースの符号化が行われた2項目に対する時間順序判断では側頭葉の外側部がより賦活することが示され，時間順序判断のプロセスには複数の経路があり，判断対象となるエピソードについての表象や想起のされ方に依存して経路が選択されることが示唆されている (Konishi et al., 2006)。つまり，順序関係の意図的な符号化を行った項目と，そのような処理を妨害された項目に対する時間判断を比較すると，前者では，より位置情報の利用可能性が高く，後者では位置情報の入手が困難であるため，距離情報により依存した判断が行われる。したがって，おもに，側頭葉の内側部は位置ベースの判断に，外側部は距離ベースの判断に重要であると考えられる。

　前頭葉に依存する時間判断メカニズムと海馬などの側頭葉内側部が関与する時間判断メカニズムの違いについては，前者は主に想起プロセスに，後者は符号化プロセスに関与しているという違いなどが考えられるが，実験室における比較的短期な時間スケールの記憶と，1-5 で取り上げる自伝的な記憶や過去の事実の記憶についての時間判断のプロセスの違いという観点を含めて，より詳細な検討が必要である (レビューとして，Kesner, 1998; Marshuetz, 2005; Marshuetz & Smith, 2006)。また，実験パラダイムからみて，位置ベースの判断を調べた研究が中心的であるため，今後は，距離ベースの判断のメカニズムに焦点を当てた実験的検証が求められる。

1-4　距離ベースの判断に焦点を当てた認知心理学的研究

　本節では，判断の基盤に位置や順序などの時間的なランドマークの使用が

できないよう，距離に関連した情報を強調するよう構造化された連続再認課題を用いて，距離ベースの主観的な経過時間の判断（Judgment of Recency；以下，JOR）に影響する要因を検討したHintzman（2001；2002；2004；2005）による一連の研究を取り上げる。なお，Hintzman自身は，距離ベース／位置ベースという2つのプロセスの分類に言及していないが，研究パラダイムから考えて，距離ベースの時間判断の研究として位置づけることができる。

1-4-1 連続ラグ数判断パラダイムを用いたHinzmanによる一連の研究

Hintzman（2001） Remember/Know手続きを用いて再認判断の想起意識とJORとの関係を調べた。具体的な実験手続きとしては，4文字の英語名詞を1語ずつ，8種類のラグ（10，20，30，40，50，60，70，80語）を隔てて2度呈示した。参加者は，呈示される各単語に対してそれが1回目の呈示か2回目の呈示かという再認判断を行い，2回目と判断した場合は，1回目の呈示を「詳細に想起できる（Remember）」のか，あるいは，「単に知っている感じがするだけ（Know）」なのかという判断（RK判断）を行い，さらに，1回目の呈示から何項目隔てて反復されたかを8種類のラグから選択するというJORを行った。その結果，RK判断でRemember判断された単語の方がKnow判断された単語よりも有意にJORが短く判断されるという傾向が短いラグと長いラグの両方で示され，記憶強度がJORに寄与していることが示唆された。つまり，時間的な位置や順序の情報が排除された状況下での経過時間判断であるため，たとえ，何らかの学習時の詳細に関する意識的想起が行えた場合でさえ，それは概ね時間情報に関連するものではないため，時間判断の正確さを高めることはないが，そのような時間には直接関連しない意識的想起は，主観的な時間的近さの感覚（sense of recency）を生じさせうるということであろう。

Hintzman（2002） 実際の経過時間とは独立に，学習－テスト間の文脈が一致している場合の方が不一致な場合よりもJORが短く判断されるという文脈一致仮説（context-matching hypothesis）を検証した。252の人名をひとつずつ呈示し，各人名を5～30のラグを隔てて2度呈示した。人名は2種類の表記法（シンプルなアルファベットのみの表記／アルファベットの周囲に装飾が施された表記）で呈示された。参加者は，各人名に対してそれが1回目の呈示か2回目の

呈示かという再認判断を行い，2回目の場合は何項目隔てて反復されたかを答えるJORを行った。その結果，1回目と2回目の表記法が同一である場合（文脈一致）は異なる場合（文脈不一致）よりも，再認判断のヒット率は高く，JORは短く評定され，文脈一致仮説が支持された。

Hintzman（2004） 1回目と2回目の呈示の間隔を推定するというJORが，2回の呈示の間の"経過時間"によって評価されるのか，あるいは，時間ではなく間に挿入された他の"項目の数"で判断されるのかということを調べた。第1実験では普通名詞，第2実験では人名を用いて，文脈（表記法）の変化がないという点を除いてHintzman（2002）と同様の手続きで，同じ単語の2度の呈示の間に挿入された他の単語の"数（ラグ）"を評価させる連続再認課題を行った。各刺激の呈示間隔（試行間間隔）が操作され，ラグが同じでも経過時間が短い場合と長い場合があった。両実験の結果，JORは単純な経過時間の関数であり，項目数の付加的な関連はないことが示された。

Hintzman（2005） 2つの実験でJORにおける記憶強度の効果を調べた。記憶強度を，第1実験では刺激タイプ（写真／人名）で，第2実験では学習時間の長さで操作した。先行研究によって，写真刺激の方が単語刺激よりも，また，学習時間が長い方が短い場合よりも痕跡強度が強いことがわかっており，実際，本実験でも，再認判断において，写真刺激の方が単語刺激よりも正再認率が高かった（図1-2左）。JORにおいて，記憶強度の弱い項目よりも強い項目の方が「より最近に感じられる」という"活性化仮説（activation hypothesis）"（図1-1左）と，記憶強度の弱い項目よりも強い項目の方が「より正確である」という"正確さ仮説（accuracy hypothesis）"（図1-1右）の妥当性を比較検証した。両実験の結果，写真の方が単語よりも，学習時間が長い方が短い場合よりもJORは短く判断され，活性化仮説が支持された（図1-2右）。一連の先行研究結果とあわせて，経過時間の推定には，記憶強度や活性化といった記憶の古さ（すなわち符号化時から現在までの経過時間）に関連した手がかりが用いられると結論づけられた。

以上Hintzmanによる4つの研究結果を総合的にみると，すべての実験において検討されたさまざまな要因は，短いラグと長いラグで同様の傾向を示し，交互作用はみられなかった。これらの結果は，検討された要因が，JORの客観的正確さを高める（あるいは低め

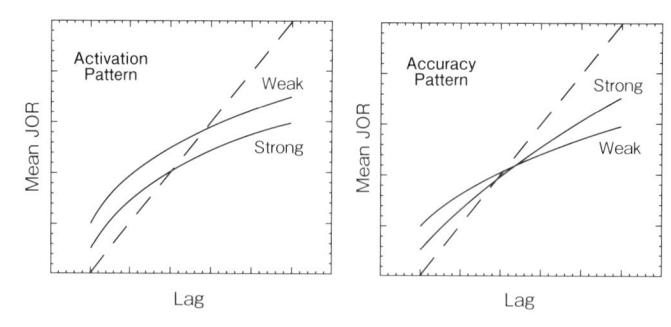

図 1-1　活性化仮説（左）と正確さ仮説（右）で予測される JOR パターン
（Hintzman（2005）より引用）

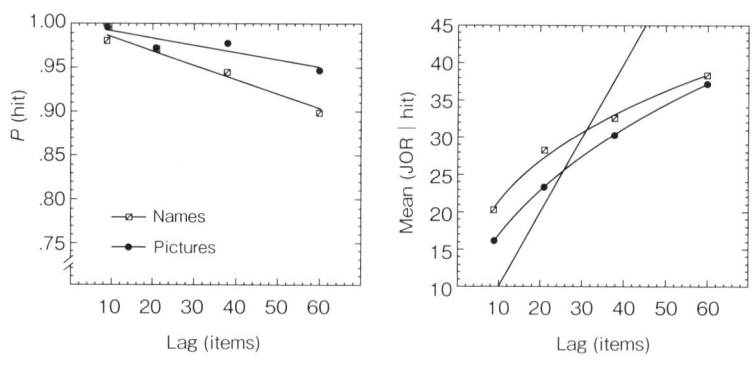

図 1-2　実験 1 の再認判断（左）と JOR（右）の結果（活性化仮説を支持）
（Hintzman（2005）より引用）

る）要因ではなく，主観的な時間的近さの感覚を強める（あるいは弱める）要因であったことを示している。したがって，経過時間判断——少なくともHintzman のパラダイムのような，数秒から数分という時間範囲における同一刺激の呈示間隔についての JOR——においては，これらの要因を手がかりとすることによって必ずしも判断が正確になるわけではないが，人はこれらの手がかりを意識的，あるいは無意識的に利用して判断しているということができる。言いかえると，これらの要因が，主観的な時間的近さの感覚を生じさせるということであろう。彼の一連の研究は，古典的な認知心理学的手法によって，経過時間に対する"主観的感覚"の解明に取り組んだ数少ない実験研究として評価できる。

1-4-2　時間判断の 2 つのプロセスと Hintzman の 2 つの仮説の関係

　位置ベースおよび距離ベースの 2 つの時間判断プロセスと，Hintzman (2005) によって呈示された JOR についての 2 つの仮説——活性化仮説と正確さ仮説——との関係について整理しておく。まず，正確さ仮説（図 1-1 右）は，記憶強度の強い項目は弱い項目よりも，経過時間の同定が正確であるということを示している。ここで "Strong" 条件と "Weak" 条件の違いを与えているのは，時間同定の正確性を高めうるエピソードの想起 (recollection) の有無あるいは量ということができる。時間情報を含んだエピソードの意識的想起が可能な Strong 条件では，そのような想起が不可能あるいは想起量が乏しい Weak 条件よりも，時間判断が正確になるということを示している。したがって，このパターンの結果を導く変数は，位置ベースのプロセスに関わる要因であるといえる。一方，活性化仮説（図 1-1 左）は，記憶強度の強い項目は弱い項目よりも，より最近に感じられるということを示しているが，この場合の Strong 条件と Weak 条件の違いを与えているのは，時間同定の正確性には寄与しない種類のエピソードの想起量，あるいは意識的想起を伴わない既知感 (familiarity) の強度ということができる。したがって，このパターンの結果を導く変数は，"実際の経過時間とは独立に" 経過時間に対する主観的感覚を強める要因であり，距離ベースのプロセスに関わる要因であるということができる。なお，Hintzman (2005) が "活性化仮説" の「活性化」によって意味するのは，1 回目の呈示（経験）で作られた記憶痕跡が，2 回目の呈示時（再認時）に "活性化する" 程度（強度）が条件によって異なるということである。

　ここでは，2 つの仮説の強度条件に関わる意識的想起に関して，時間同定の正確さに貢献するエピソードと，時間同定には直接的に寄与しないエピソードに分類可能であることを前提とした。時間同定を求められるイベントに連合する特定の情報が時間同定に貢献するか否かを，事前に決定することは困難であるため，このような分類は事後的な説明でしかないかもしれない。しかし，1-3 で述べたように，エピソード記憶の文脈情報想起についての脳機能画像研究では，時間文脈と空間文脈の想起で，同じ脳部位の賦活だけでなく，かなりの異なる脳部位の賦活がみられることが示されている (Fujii et al., 2002 ; 2004)。また，時間的リスト弁別課題で若年者と高齢者を比較した研究では，学習時の文脈を

正しく意識的想起できた場合でさえ，高齢者は若年者よりもリスト弁別成績が悪く，時間的文脈を再構成する際のストラテジックな推論過程が加齢の影響を受けることが示唆されている (Bastin & Van der Linden, 2005)。したがって，時間同定に貢献するエピソードの意識的想起とそれ以外のエピソードの意識的想起の分類を前提とした仮説を立てることは妥当であろう。なお，図 1-1 からわかるように，相対的に短いラグでは活性化仮説と正確さ仮説の予測する結果のパターンは同一であり，相対的にラグが長い，すなわち経過時間が長いところで両仮説による予測が対照的であるということに注意されたい。

1-5　自伝的・社会的イベントに関する時間判断：より長いスケールの時間判断

　前節までは，実験室で学習した単語や写真を刺激材料とする新奇なエピソード記憶を用いた，学習からテストまでのインターバルが比較的短時間（数秒から数時間）の時間判断についての研究を概観してきたが，本節では，実験室外の日常生活で実際に見聞きした出来事の記憶，特に自伝的な記憶についての長期（数ヶ月から数年）の経過時間の判断や日付推定に関する研究を概観する。

1-5-1　質問紙による調査研究

　正確な生起時期を覚えていないイベントに関する時期の推定を行うと，実際よりも最近に推定されるという順向テレスコーピング (forward telescoping) 現象や，逆に，実際よりも昔に判断してしまうという逆向テレスコーピング (backward telescoping) が調査研究などでよく報告されている (Kemp, 1996; 下島, 2001)。単に，人はある程度以上の経過時間が過ぎると日付の推定を正確にできなくなるということであれば，時間についての記憶に限らない一般的な忘却の理論で十分であるが，エラーの方向に一定のバイアスがみられるということであれば，時間記憶に固有のメカニズムを想定するのが妥当であろう。先行研究では，逆向テレスコーピングよりも順向テレスコーピングの方が強い効果であることが示されており (Kemp, 1996)，どのような想起時の条件によってエラーの方向や強さが決定されるのかなど，テレスコーピングに関する理論がいくつか提案され，テレスコーピングが生じる要因について検討されてきている。た

とえば，尋ねられたイベントが，ある時期内に生起したものである（大学生時代など）という知識を参加者が持っていた場合，その時期の古い方の境界に近いイベントは，その境界内におさめようという意図から，生起時期が実際より最近に判断され（順向テレスコーピング），逆に，その期間の現在に近い方の境界に近いイベントは，実際よりも生起時期を昔に判断される（逆向テレスコーピング）という境界モデル（boundary model）がある（Huttenlocher, Hedges, & Prohaska, 1988）。同じ参加者に10年を隔てて2度，同じ自伝的イベントについての日付推定を行うという方法を用いた研究においても，境界モデルによって説明可能な結果が示されている（Burt, Kemp, & Conway, 2001）。また，精密な想起を要求するような質問形式（「○○したのは何日ですか」）に対する回答は，あまり精密でない想起を求めるような質問形式（「○○したのは1年以内ですか」）に対する回答よりも順向テレスコーピングが生じにくいことも示されているが（Janssen, Chessa, & Murre, 2006; Prohaska, Brown, & Belli, 1998）。これらの結果は，テレスコーピングが位置ベースのプロセスによって生じる現象であることを示している。一方，距離ベースのプロセスに関連した時間判断のエラーのひとつとしてとらえている理論も多く（Friedman, 1993），アクセス可能性仮説（accessibility hypothesis）はそのひとつであり，イベントの想起のしやすさや鮮明さに基づいて経過時間が判断されるという（Brown, Rips, & Shevell, 1985）。また，判断の対象となるイベントが想起時現在の自己にとって肯定的なものか否定的なものかによっても，経過時間の感覚が左右されることも報告されている（Ross & Wilson, 2002; Shimojima, 2004）。正しい日付を知っている場合でさえ，主観的には，それよりもっと最近のことに感じたり，逆にもっと昔のことのように感じたりすることがあり（タイムギャップ感：下島, 2001），このような時間に対する主観的感覚の生起機序は，位置ベースの理論よりも距離ベースの理論の説明の方が適していると考えられる。これら長期の時間スケールにおける記憶の時間判断が，1-3・4でみてきたような短い時間スケールの判断と同様のプロセスによるのかどうかは，今後の検討課題であるが，両者に共通の原理が働いている可能性も示唆されている（Hintzman, 2004のDiscussion参照）。

1-5-2 脳機能画像研究

　fMRIを用いた脳機能画像研究によって，自伝的記憶の神経基盤は，おもに，帯状回後部と脳梁膨大部，および前頭前野や側頭葉内外側部であることが知られており，特に海馬の機能についての研究は数多く報告されているが，その時間的判断の神経基盤についての研究はほとんどない。想起する記憶の古さに対応して賦活が異なる脳部位を調べた自伝的記憶研究では，想起するイベントの時間的距離が増加するほど海馬の賦活が増加することや（Maguire & Frith, 2003; Piefke et al., 2003），右海馬傍回の賦活が減少すること（Addis & Schacter, 2008）などが報告されている。しかし，これらは記憶の定着（consolidation）に関わる神経基盤についての研究であり，時間判断に固有の神経基盤を解明するものではない。また，Knutson, Wood, and Grafman（2004）は，年代的な順序（たとえば戦争のカテゴリで，南北戦争－第一次世界大戦－第二次世界大戦－ベトナム戦争－湾岸戦争）と情景的な順序（たとえばレストランの情景で，着席－メニュー－注文－食事－支払い）についての時間的順序の記憶課題において，共通して両側の中前頭回に賦活がみられるのに加えて，前者では左下前頭回，後者では右下前頭回の賦活がみられ，時間的順序の表象に関しては課題ごとに関与する神経基盤が異なる可能性を示唆している。しかし，これは知識として獲得した歴史的事実と手続き的な記憶についての順序情報の課題であり，それを獲得（符号化）したときの実体験を想起する課題ではないため，この研究も実際の日常記憶の時間判断についての研究ではない。日常生活の中で記憶したイベントに関する時間判断の基盤が，実験室的な研究における保持期間の短い記憶の時間判断の神経基盤と同じであるのか異なるのかということについては，実験室で学習した単語や写真に関する系列順序構成課題や相対的な時間順序判断課題（1-3-2参照）と同様のパラダイムを用いて，日常場面で学習したイベントを材料とした際の脳活動を計測するといった今後の研究が待たれる。

1-5-3 神経心理学的研究

　日常的イベントの時間的判断についての症例研究もほとんど報告されていない。イベントの内容そのものの記憶が保たれていながら，その時間的な感覚だけが失われるといった症例はほとんどないことが理由と考えられる。本節で

1-5 自伝的・社会的イベントに関する時間判断：より長いスケールの時間判断

は，わずかに存在した興味深い2つの研究を取り上げる。1つ目は，Storandt, Kaskie, and Von Dras (1998) によるアルツハイマー病の研究であるが，彼らの考察には不十分な点があるものの，重要なデータを提供している。Storandt らは，52歳から100歳の368名の参加者を対象に，医学的および神経心理学的評価に基づき，アルツハイマー型認知症（痴呆）の診断を行い，認知症の疑いのない健常群158名，非常に軽い認知症群84名，軽い認知症群126名に分類した。各参加者に，7名のアメリカ大統領（アイゼンハワー大統領からレーガン大統領まで）とその他の有名人7名の顔写真と名前を混ぜて呈示し，その中からアメリカ大統領を選ばせた。7名とも選べた参加者のみを対象に，大統領を務めた順に7名を並べ替えるという課題を行った。その結果，健常群では1名を除く157名が，非常に軽い認知症群では78名が，軽い認知症群では86名がすべての大統領を再認することができ，並べ替え課題のパフォーマンスは，全群において短期記憶と同様の系列位置曲線（U型曲線）がみられ，新近性効果だけでなく，初頭効果も全群でみられた。全系列位置において，健常群，非常に軽い認知症群，軽い認知症群の順に正答率が低くなっており，再認が可能な場合でも，認知症の重症度が増すとともに，項目情報と時間的位置情報間の連絡が障害されることが示唆された。また，長期記憶の時間的順序も短期記憶と同様の原理が働いていることが系列位置曲線から示唆されているが，この結果は，不思議な結果ではないだろうか。短期記憶の研究の場合は，たいてい，実験の教示や実験室という文脈によって系列学習の開始と終了が明確にされているため，1番目の項目は"最初"であり最後の項目は"最後"であるという情報があり，初頭効果と新近性効果が生じるのは了解できる。一方，Storandt らの研究では，実験室外で獲得した記憶に関して，前後にも多数のアメリカ大統領がいるうちの間の7名を抜き取って並べ替えるという課題を用いているため，その7名の順番の"最初"と"最後"は完全に恣意的なものである。つまり，「アメリカ大統領順序課題」でみられる初頭効果は，ワシントン大統領に対する正答率でなければならないのではないか，ということである。恣意的に決めた"最初"のアイゼンハワー大統領における順序の正答率が高いという実験結果は驚くべき結果であり，説明が必要であると考えられるが，Storandt らの論文ではそのことには触れられていない。アイゼンハワー大統領がその7名の中で1番目であ

ると正しく判断される率が高かったのは，"最初"だからではなく，その7名を対象とする経過時間判断で最も古く（昔に）感じられたからではないだろうか。他の大統領と比べて，アイゼンハワー大統領の任期は長く，8年もあった。つまり，アイゼンハワー大統領着任から次のケネディ大統領の着任までの間隔が8年もあったため，近接する大統領との順序の混同が少なかったということかもしれない。だとすれば，アルツハイマー病でも，8年もの差があれば昔の記憶においても割と正確な時間判断が行えるといえるだろう。

　2つ目に紹介するのは，1症例報告によって脳弓が時間順序判断の選択障害を引き起こす可能性を示唆した Yasuno et al.（1999）の研究である。この研究で報告された症例は，両側の脳弓前部とそれに隣接する視床前部に損傷があり，自伝的イベントや，有名人や重大な社会的イベントについて，内容は詳細に語ることができるがその順序がわからないということであった。実験的には，1960年代〜90年代の各10年で有名なイベントを10項目ずつ，全40項目を用意し，各10年から1項目ずつ，計4項目を1セットにしてカードでランダムに呈示し，時間順序に並べ替えるという課題を行った。本症例と年齢と教育年数を合わせた健常者9名にも同課題を実施し，課題成績を比較した結果，本症例は健常者よりも有意に成績が悪かった。本症例における損傷部位は脳弓だけでなく視床核の背内側部および前部も含んでいたが，先行研究による視床健忘症例の報告では内容記憶に障害のない時間順序障害はみられていないため，本症例の時間順序記憶障害は視床の損傷のみでは説明しがたく，脳弓損傷の影響であると Yasuno らは結論した。この症例における時間順序判断の選択的障害は，距離ベースの時間判断と位置ベースの時間判断のどちらの障害を反映しているであろうか。本当に，記憶内容についてはまったく障害がみられないということであれば，たとえば，そのイベントに関する情報を符号化した状況，その頃自分が何をしていたか，何歳くらいだったかといったような周辺的な情報を想起することによって，意味知識から年代を推定できると思われる。"詳細な内容を想起できる"にもかかわらず，10年前後の隔たりのあるイベントの順序付けができないというのは不可思議な結果である。距離ベースの時間判断の障害のみならず，おそらく，内容に関しても"完全に"詳細を想起できるわけではなく，位置ベースの判断の手がかりとなる文脈的，連合的な情報の記憶も障害

されているのか，あるいは，詳細の想起は保たれているが，それを時間判断の情報源として利用するストラテジックな推定プロセスが障害されていると考えられる。

このように，日常的なイベントを用いた記憶の時間的判断に関する神経心理学的な研究はほとんどなく，長期的な記憶についての時間判断が，短期的な記憶における時間判断と共通の神経基盤を有するのか，異なるプロセスによるのかということについては今後の研究課題である。時間判断のみに選択的な障害を示す症例を探すのは非常に困難であるため，脳機能画像法のアプローチによる研究の発展が期待される。

1-6　判断の客観的正確さと主観的感覚

　位置ベースのプロセスによって正確な時間判断ができる場合でさえ，主観的には実際の時間よりも最近に感じたり昔に感じたりすること（タイムギャップ感）があるが，このような経過時間に対する"主観的感覚"のメカニズムについての実験的研究は，筆者の知る限りほとんど報告されていない。時間記憶についての多くの先行研究，たとえば脳機能画像研究では，時間順序判断中の神経活動を明らかにしてきたが，判断の結果による分析，すなわち，最近であると判断される場合と古いと判断される場合とでどのような神経活動の違いがあるのかについての検討を行った研究はない。"刺激特性"として同じ時間的距離（同レベルの recency）を有している刺激同士であっても，時間的に近く感じられるものとそうでないものがある場合，その主観的感覚を左右するものは何であろうか。また，神経心理学的研究においては，さまざまな脳損傷患者や高齢者で，健常者や若年者よりも時間順序判断が不正確になることが示されているが，正確な判断ができないからといって，主観的感覚としての時間的距離感がまったくないということにはならないであろう。すなわち，正確に時間判断ができなくても，時間的距離についての（誤った）主観的感覚はあるかもしれない。"客観的正確さ"という観点の研究のみでは，主観的感覚としての時間的距離感のメカニズムに迫ることはできない。

1-6-1 時間的距離感と再認判断における既知感

1-1-2において，再認判断における親近性判断と距離ベースの時間判断のプロセスの対応についてふれたが，時間的距離感と，再認判断の基盤となる主観的感覚の既知感とは質的な違いがあるのか，それとも，共通のメカニズムから派生するものであろうか。たとえば，加齢の効果という観点から検討した研究では，項目再認記憶の低下のみによって完全には時間記憶の加齢の効果を説明できず，項目記憶に有意差がない場合でさえ加齢による時間記憶の低下がみられ，少なくとも部分的に項目記憶と時間記憶は独立していることが示唆されている（Cabeza et al., 2000; Dumas & Hartman, 2003, Experiment 2; Hartman & Warren, 2005; Parkin et al., 1995）。このように，判断の"客観的正確さ"という観点でみると，項目記憶（再認判断）と時間記憶（時間判断）は少なくとも一部乖離しているようである。また，サルやラットを用いた研究では，刺激の時間的距離（recency）と親密度（familiarity）に対応して異なる反応を示すニューロンが嗅周皮質を含む下側頭葉前部において同定され，それぞれの"刺激特性"に対する神経反応の違いが示されている（レビューとしてBrown & Xiang, 1998）。しかし，各々の刺激特性に対するニューロンの反応が主観的感覚としての時間的距離"感"と既知"感"に対応するのかどうかは明らかではないため，ヒトを対象とした研究において，各々の刺激特性に対する神経反応と，主観的な時間的距離感や既知感から生じる神経活動を比較し，重複するか否かを調べる必要がある。

一方，"主観的感覚"に焦点を当てた研究では，再認判断の基盤となる既知感と時間的距離感が共通の基盤を有することが示されている。連続再認パラダイムを用いたHintzmanの一連の研究のひとつに，単語の使用頻度と具体性が再認判断とJORに及ぼす効果を比較した研究がある（Hintzman, 2003）。単語が1語ずつ連続的に呈示され，5～30語のラグを隔てて反復呈示される中で，参加者は各単語に対してOLD/NEW再認判断を行い，OLD判断した場合は，何項目前に同じ単語がでてきたかというJORを行った。第1実験では単語の使用頻度（高頻度語／低頻度語）を，第2実験では具体性（具体語／抽象語）を操作した。その結果，再認判断では，先行研究で示されてきたミラー効果——低頻度語と具体語の方が，高頻度語と抽象語よりも正再認率が高い（虚再認率は低い）

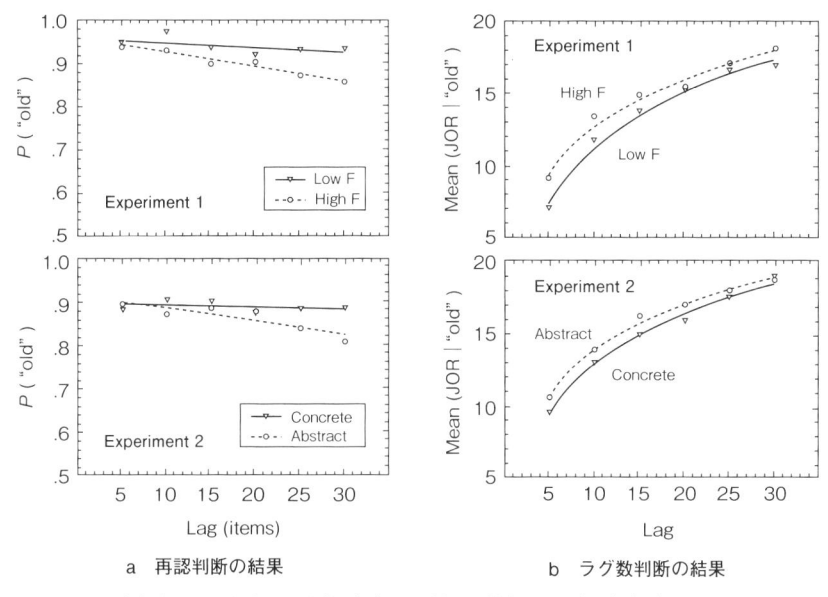

図 1-3 高頻度語／低頻度語の比較（上）と具体語／抽象語の比較（下）（Hintzman, 2003）

――がみられ（図1-3a），JORでは，高頻度語よりも低頻度語の方が，抽象語より具体語の方が短く判断された（図1-3b）。どのラグにおいても同様の結果であり，再認判断とJORは共通の基盤をもっていることが示唆された。

客観的正確さという観点からみると，再認判断の正答率が高い（項目記憶が正確である）人が必ずしも時間判断の成績も良い（時間記憶も正確である）というわけではなく，その2つの能力は乖離するようである。とはいえ，項目自体の再認ができないにもかかわらず，その時間判断ができるという事態は生じえない，つまり，時間についての記憶判断は再認判断ができた上での判断である（実験手続きとしても再認された項目にのみ時間判断が課される）ため，両者の能力が全くの別物になることはありえない。一方，既知感や時間的距離感の主観的感覚という点からみると，両者に同様の影響を及ぼす要因があるようであり，少なくとも一部はその判断の基盤を共有していると考えられる。あるいは単純に，時間判断の方が再認判断よりも精度が高く難易度が高いということ，すなわち，判断の基盤となる表象は同一のもの（ある種の強度）であり，弁別を求められ

る強度の差が再認判断よりも時間判断の方が小さいという可能性もあるだろう。たとえば,一般的な単語を用いた実験課題の場合,再認テストでは,実験室内で学習した単語と実験室では学習していない(が実験室に来る前に学習したことがある)単語を区別することが求められる,つまり,実験室に来る前と後という比較的大きな差の時間的距離(ある種の強度)弁別を行うことになる。一方,再認された項目の時間判断においては,実験室内での学習順序を判断することが求められ,より微細な差の強度弁別を行わなければならない。そのため,再認判断がある程度正確に行えても時間判断が正確でないという場合があるのかもしれない。しかし,既知感が強い場合は常に時間的距離感も強く(最近に)感じられるのかどうかは定かでない。既知感が強いが時間的距離感が弱く(昔に)感じられるような状況もあるという可能性もあり,時間的距離感に固有のメカニズムを検討する価値があるだろう。日常的に経験する感覚のひとつに"懐かしい"という感覚があるが,これは,懐かしいと思う対象のイベントのことを良く知っている(既知感が強い)という状態であるが,同時に,そのことが遠い昔のことであると感じられる(時間的距離感が弱い)という状態なのかもしれない。したがって,項目やイベントの内容に対する既知感の有無(familiarity/novelty)と時間的距離感(recency/remoteness)とは,同一表象の異なる表現形であるのか,質的に異なる表象なのかということを検討する必要がある。

1-6-2 経過時間についての"誤った"主観的感覚 (false recency)

主観的感覚としての時間的距離感の生起メカニズムを研究するにあたっては,エラーにおけるバイアス(たとえば,順向テレスコーピングや逆向テレスコーピング)に影響する認知的要因を検討するなど,刺激特性として同じ時間的距離を有する刺激に対して,最近に"感じられる"場合と古く"感じられる"場合の認知的要因や神経基盤の違いを比較検討するという方法が重要である。再認記憶の研究では,虚再認(false recognition),すなわち実際には経験しなかったイベントに対して"誤った"既知感をもった場合は,正再認の場合よりも右前頭前野の賦活が大きいことが示されている(Schacter & Slotnick, 2004; Umeda et al., 2005)。これと同様に,時間判断においても,かなり古い項目に対して,"誤った"近さ(false recency)を感じた場合にもそのような神経活動の違いがみられるのか

どうか,真に最近の (recent) 項目に対して近さを感じた場合と違いがあるのかどうかということを調べるというのもひとつの方法であろう。客観的指標である正答率との相関を調べるだけでなく,エラーについての詳細な分析を行うことによって,主観的感覚のメカニズムを明らかにしていく必要があると考える。

1-7 本研究の目的と意義

　本章で概観してきたように,時間記憶については,これまでにも多数の研究がなされてきている。しかし,その多くは,客観的正確さを重視した実験パラダイムや分析方法を用いており,位置ベースの時間判断プロセスに関する研究となっている。そこで,本研究では,距離ベースのプロセスに焦点を当て,経過時間に対する主観的感覚のメカニズムを検討する研究を行う。人が,過去を振り返って,ある出来事から現在までの経過時間を推定するとき,いったいどのような情報をもとにして推定するのであろうか。その出来事が起きた日時を知識として知っている場合は,現在の日時からそれを引き算することによって経過時間を算出することができるが,そのように知識的に正しい生起日時を知っている場合でさえ,実際よりも最近の出来事と感じたり,逆に,より昔のことと感じたりする場合がある。そのような,経過時間に対する主観的な感覚 (客観的には"誤った"感覚) は,どのようなメカニズムで生じるのだろうか。

　このような主観的な感覚や体験を,科学的に,客観的な行動データから調べるにあたっては,判断のバイアスやエラーを導く個人内要因を詳細に分析するという方法がひとつの有効な手段である。つまり,客観的正確さとは独立に,ある一定方向の判断バイアスが生じる要因を同定するという方法である。また,特定のバイアスやエラーを生じさせやすい集団 (年齢群,症例群,さまざまな個人特性など) を見出すことができた場合,その群と対照群を比較し,その群に固有の認知プロセスや認知機能の障害を特定することによって,判断プロセスに関わる認知的基盤を明らかにするという方法も有効であろう。1-1 で述べたように,直感的な距離ベースの時間判断プロセスは,位置ベースの時間判断や,時間以外の詳細に関する意識的想起の初期的段階である可能性もあり,このプロセスの特性の解明は,ソースモニタリングなどの研究分野においても重要な知

見となると考えられる。

　本研究では，実際の経過時間とは独立に，経過時間に対する主観的感覚に影響を与えうる要因として，出来事の想起時の文脈の要因と，出来事の学習頻度の要因について検討した実験研究に関する報告を行う。さらに，若年者と高齢者のパフォーマンスの比較を行うことによって，加齢に伴う認知的変化の観点からも，距離ベースの時間判断の認知メカニズムを考察する。

第 2 章

経過時間の
主観的感覚に関する
実験的研究

前章において，時間記憶に関するさまざまな先行研究を概観し，距離ベースの時間判断に関する研究の不足を指摘した。本研究の目的は，実験心理学的手法によって，これまであまり焦点が当てられてこなかった距離ベースの時間判断および経過時間に対する主観的感覚のメカニズムの解明に取り組むことである。主に，Hintzmanの研究から得られた知見に基づいて，実際の経過時間とは独立に主観的感覚に影響する（経過時間判断にバイアスを与える）要因，すなわち図1-1に示した活性化仮説のパターンを導く要因の同定を試みる。経過時間に対する主観的感覚は，イベント自体の特徴や，そのイベントから現在までの間に起きた別のイベントの特徴，また，現在の状態とそのイベントとの関係などのさまざまな要因によって左右されると考えられる。これらの考えうるさまざまな要因のうち，本研究では，イベントの生起時（学習時）と現在（想起時）の文脈の一致・不一致という要因を実験1～3において，イベントの学習（接触・生起）頻度の要因を実験4～6において検討する。さらに，若年者だけでなく高齢者を対象とした実験を行い，両者のパフォーマンスを比較することによって加齢の効果を調べ，加齢に伴う他の認知機能の変化の観点から経過時間判断の認知基盤の解明を試みる。

2-1 文脈要因の検討

2-1-1 実験1 経過時間判断における文脈の効果（1）：ラグ数判断

第1章で述べたように，Hintzman (2002) は，実際の経過時間とは独立に，学習時とテスト時の文脈が一致している場合の方が不一致な場合よりもJORが短く判断されるという文脈仮説を支持する結果を報告した。文脈とは，課題遂行のために直接必要とされない周辺情報のことであり，ここでは，単語（の意味）を判断のターゲットとする課題において，単語の表記法（知覚的特徴）を文脈としている。彼の実験では，JOR時の反応時間が無制限である連続再認パラダイムを用いているため，ラグ数は統制されているが，経過時間そのものは統制されておらず，個々の項目に対する反応時間に制限がなかった。そこで本実験では，ラグ数とともに経過時間も統制し，反応時間を短く制限することによって，より厳密に位置ベースの判断の可能性を排除し，自動的・直感的な距離

ベースの判断が行われやすい条件において，同様の文脈効果がみられるのかどうかを調べることを目的とする。

Hintzman (2002) は，ラグが長い場合と短い場合で同方向の文脈効果が示され，文脈の一致によって正確さが高まる（正確さ仮説）のではなく，JOR が短くなる（活性化仮説）ことを示した。つまり，文脈が一致しているほど記憶痕跡の活性化が強くなり，呈示された項目についての処理が流暢に行われるため，そのような"処理の流暢性（processing fluency）"あるいは"想起のしやすさ（ease of retrieval）"に基づいて JOR が行われていたと考えられる。本実験では，若年者だけでなく高齢者も対象とすることによって，このような文脈効果が，自動的な処理を反映しているのかどうかも検証する。一般に，加齢によって意識的想起は顕著に低下するが，自動的な処理は保たれていることが示されている（Parkin & Walter, 1992; レビューとして Yonelinas, 2002）。もし，文脈効果が意識的想起の促進によるものであるならば，若年者でみられる文脈効果が高齢者ではみられない，あるいは効果が小さいという結果が予測される。逆に，高齢者においても若年者と同程度あるいはそれ以上に文脈効果がみられた場合は，文脈効果は処理の流暢性などに基づいた自動的な処理の反映であることが支持される。

本実験では，Hintzman (2002) と同様に，単語を材料とする連続再認パラダイムを用い，表記法による文脈の効果（字体一致効果）を調べる。Hintzman (2002) では，刺激に用いられた単語は人名であったが，本実験では，普通名詞を用いた。また，実験手続きにおいて，Hintzman (2002) と異なる点は，同一項目が「何項目前に呈示されたか」を判断するのではなく，同一項目が呈示されたのが「7 項目以内か否か」を判断するという手続きにした点である。この種の判断形式は，日常場面で，たとえば，「前にこのレストランに来たのが 1 ヶ月以内かどうか」を判断するといったような状況に類似しており，位置ベースよりも距離ベースのプロセスに依存した判断が行われやすい質問形式であると考えられる。また，この形式の質問に対しては，参加者は YES/NO の 2 肢選択で回答が可能であるため，判断時間が短く制限された課題に適している。

方　法

実験参加者　若年者 24 名（男性 10 名，女性 14 名：平均年齢 23.0 ± 1.6 歳），および高齢者 14 名（男性 8 名，女性 6 名：平均年齢 71.6 ± 4.9 歳）が本実験に参加した。なお，高齢者に対しては，認知症（痴呆）の疑いのある人を除外するため，認知症のスクリーニングにおいて国際的に用いられている見当識や注意，記憶などの認知機能に関する簡易検査である Mini-Mental State Examination (MMSE; Folstein, Folstein, & McHugh, 1975) を実施した。MMSE は 30 点満点で，23 点以下の場合に認知症が疑われる。本実験では，27 点以上の人のみを対象としたところ，本実験の高齢参加者の MMSE の平均は，29.1 ± 0.9 点であった。

材　料　天野・近藤（2000）より，親密度 5.0 以上，3〜4 モーラの名詞 116 語（練習試行 16 語，本試行 100 語）を用いた。単語は 2 つの異なる表記法でパソコンの画面上に呈示された。一方は赤字かつ明朝体，もう一方は青字かつゴシック体で表記された（図 2-1 参照）。背景色は灰色であった。漢字は用いず，すべて平仮名か片仮名で表記した。本試行で用いる単語リストは，100 語をすべて 2 回呈示する延べ 200 語の単語からなる。同一単語が反復されるまでに挿入される他の単語の数（以下，ラグ）は，3，5，6，8，10 の 5 種類あり，すべて 20 語ずつであった。100 語中，半数の 50 語は 2 回とも同じ表記法（一致）で呈示され，もう半分は異なる表記法（不一致）で呈示された。

手　続　き　個別実験で，各参加者はノートパソコンの前に着席し，次の教示を受けた。

教示：　パソコン画面上に日本語（平仮名か片仮名）の単語が，1 語ずつ，各 2 秒間呈示されます。各単語は，いくつかの単語を隔てて 2 度ずつ呈示されます。あなたに判断してもらいたいのは，1 度目と 2 度目の呈示の間隔，すなわち，2 度目に呈示されたときに，それが 1 度目の呈示からどれくらい離れているか，あるいはどれくらい近いか，ということです。2 度目に呈示された単語のうち，1 度目と 2 度目の呈示の間に含まれる他の単語の数が6 語以内である

図 2-1　2 種類の単語表記法の実例
「くつした」は赤色，「パンダ」は青色で表示される。

表2-1 各年齢群における項目タイプ別YES反応率

	Font Type	Young		Old	
		M	SD	M	SD
	Correct Response (within 6 lag)				
	Congruent	.67	.14	.56	.22
	Incongruent	.59	.14	.45	.17
	total	.63	.13	.51	.18
"Repeated Items"	Incorrect Response (more than 6 lag)				
	Congruent	.29	.16	.41	.29
	Incongruent	.31	.15	.33	.25
	total	.31	.15	.37	.27
	All Response				
	Congruent	.52	.12	.50	.24
	Incongruent	.48	.13	.40	.19
	total	.50	.12	.45	.21
New Items		.00	.01	.02	.03

ものに対して，所定のキー（●シールのついたキー）を押してください。2度目に呈示される単語であっても，間隔が7語以上あいている場合はキーを押さないでください。単語と単語の間隔に「＋」が1秒間呈示されますが，次の単語が呈示される前であれば，「＋」が出てからでも，キーを押してもかまいません。なお，各単語は赤い字や青い字，明朝体やゴシック体など，さまざまな字体で呈示されますが，字体は無視して，単語に基づいて判断してください。つまり，字体が異なっていても，同じ単語であれば，それを2度目の呈示とみなしてください。各単語が2回出てくるまで，順番通りにすべて覚えておくことはほとんど不可能ですので，2回目に出てきたときに，1回目と「どれくらい近いか（離れているか）」という直感的な時間的感覚に基づいて判断してください。まず，練習試行を行いますので，「6語以内」がどのくらいかという感覚をつかんでみてください。

　教示後に短い練習試行を行った。練習試行では，参加者の各反応に対して，キーを押すべき項目であったか否かのフィードバックを与えた。課題を理解し

たことを確認した上で，本試行は約10分であることを告げて本試行を開始した。なお，単語と単語の呈示の間には，1秒間の「＋」の呈示の後，0.5秒のブランク画面が挿入され，実際の刺激間間隔は1.5秒であった。

結　果

経過時間弁別能力における加齢の効果　年齢群別に各項目タイプに対するキー押し反応率（以下，YES反応率）を算出したものを表2-1に示す。新奇項目に対して誤ってYES反応した率は両群ともに極めて低かったため，以下の分析では，新奇項目に対するYES反応は除外し，反復項目のうち，ラグが8と10の項目に対するYES反応のみを"誤反応"とした。各参加者における正反応率から誤反応率を引き，全体的な経過時間弁別の正確さを調べた結果，若年者平均は.33 (SD=.13)，高齢者平均は.14 (SD=.14)であり，高齢者は若年者よりも弁別力が有意に悪かった（$t(36)$=4.27, p<.001）。しかし，高齢者もチャンスレベルよりは有意に高く弁別できていた（$t(13)$=3.62, p<.01）。

経過時間判断に及ぼす字体一致効果　経過時間判断に及ぼす表記法と加齢の効果を調べるため，YES反応率について，年齢群2（若年・高齢）×表記法2（一致・不一致）の2要因の分散分析を行った。その結果，表記法の主効果（$F(1, 36)$=23.01, p<.001）と交互作用（$F(1, 36)$=4.97, p<.05）が有意であり，年齢群の主効果は有意でなかった。交互作用について，単純主効果の検定により，高齢者群では有意な字体一致効果がみられ（$F(1, 36)$=24.68, p<.001），若年者群では字体一致効果の傾向がみられた（$F(1, 36)$=3.30, p<.10）。

さらに，各ラグにおける字体一致効果の現れ方の違いを調べるため，各年齢群におけるYES反応率について，表記法2（一致・不一致）×ラグ5（3・5・6・8・10）の2要因の分散分析を行った（表2-2；図2-2, 3参照）。その結果，若年者群では，両主効果と交互作用が有意であった（表記法$F(1, 23)$=4.47, p<.05；ラグ$F(4, 92)$=98.71, p<.001；交互作用$F(4, 92)$=2.89, p<.05）。ラグの主効果について，Ryan法を用いた多重比較により，すべてのラグ間において有意差がみられた（p<.05）。交互作用について，単純主効果の検定により，両表記法においてラグの効果が有意であり（p<.001），ラグ5と6において有意な字体一致効果がみられた（p<.05）。一方，高齢者群では，両主効果が有意であったが（表記法$F(1, 13)$

= 19.63, $p<.001$；ラグ$F(4, 52) = 9.54, p<.001$)，交互作用は有意でなかった。ラグの主効果について，下位検定で有意な差がみられたのは，ラグ3と他のすべてのラグとの間のみであった（$p<.05$）。

考　察

単語を用いたラグ数判断課題において字体一致効果がみられたことから，距離ベースの経過時間判断は，文脈が一致している場合の方が不一致な場合よりも短く判断されることが示された。この結果はHintzman（2002）と一致する。さらに，この効果は若年者よりも高齢者において大きかったことから，文脈の効果は，意識的想起の影響ではなく，より自動的な，痕跡の活性化による処理の流暢性の高まりに起因することが支持された。

若年者においては，6ラグ以内の項目に対してのみ字体一致効果がみられ，誤反応（ラグ8と10に対するYES反応）では効果がみられなかったことから，文

表2-2　各年齢群におけるラグ別YES反応率

Lag	Font	Young		Old	
		M	SD	M	SD
3	Congruent	.81	.13	.66	.19
	Incongruent	.76	.14	.55	.21
	total	.79	.11	.61	.18
5	Congruent	.55	.21	.54	.28
	Incongruent	.45	.20	.41	.22
	total	.50	.16	.48	.23
6	Congruent	.65	.18	.48	.27
	Incongruent	.56	.20	.39	.19
	total	.60	.17	.44	.20
8	Congruent	.37	.19	.39	.29
	Incongruent	.35	.19	.35	.24
	total	.36	.17	.37	.25
10	Congruent	.20	.17	.44	.32
	Incongruent	.28	.18	.31	.29
	total	.25	.17	.38	.29

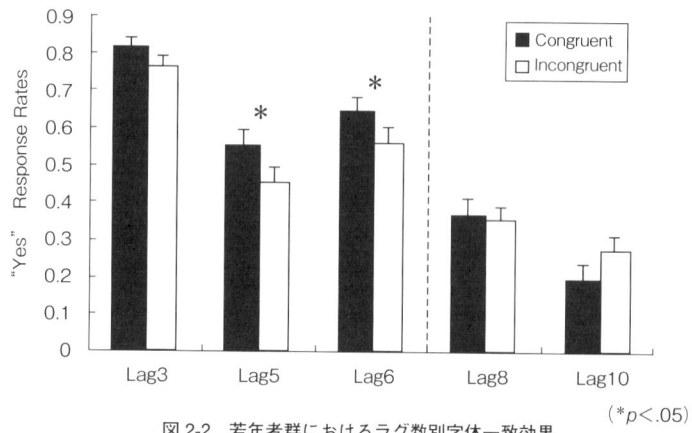

図 2-2　若年者群におけるラグ数別字体一致効果 （*p＜.05）

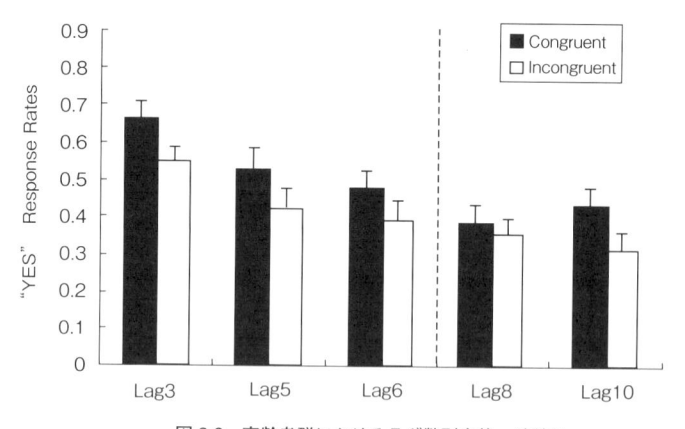

図 2-3　高齢者群におけるラグ数別字体一致効果

脈の一致によって6ラグ以内か否かの弁別力が高まる（すなわち意識的想起が高まる）という可能性も考えられる。しかし，高齢者においては，表記法とラグの交互作用はみられず，短いラグから長いラグにわたって，全体的に字体一致効果がみられた。すなわち，文脈の一致は，経過時間の弁別力を高める（正確さを高める）のではなく，よりラグを短く感じさせる（主観的感覚を強める）ということを示しており，正確さ仮説ではなく活性化仮説を支持する結果である。つまり，想起時に学習時と同一の知覚的な文脈が与えられることによって，その項目に関する情報処理がより流暢に行われることが予測され，学習から想起

までの経過時間の判断においては，その流暢性の高まりが経過時間の短さとして知覚されると考えられる。流暢性はさまざまな種類の判断に無意識的に影響することが示されているが (Higham & Vokey, 2000; Jacoby & Whitehouse, 1989; Whittlesea, 1993; Whittlesea & Price, 2001)，経過時間判断もそのひとつであることが示唆される。一般的に，学習から想起までの経過時間が短いほど想起時の処理の流暢性は高いと考えられ，そのような流暢性に基づいて経過時間を判断することは妥当なストラテジーである。しかし，本実験のように，実際の経過時間以外に処理の流暢性に影響する要因が混在し，かつ判断者自身がその影響を意識しない場合，その要因は判断に影響を与えることになる。

　若年者で有意な字体一致効果がみられたのは，ラグ5と6のみであったが，このことから，字体一致効果が生じやすいのは，より曖昧な状況，直感的な感覚に依存せざるを得ない状況であるといえる。つまり，若年者では，ラグ3程度のかなり短いラグの場合は，1回目の呈示情報がまだワーキングメモリ内に残っており，すぐにその情報にアクセスできるため，容易に6ラグ以内であることが判断できるため，処理の流暢性に依存する必要がない。一方，ラグ5と6は，5種類のラグのうち最も基準値（ラグ6）に近く，最も判断に迷う項目である。そのような，判断が非常に困難で曖昧な状況においてこそ，処理の流暢性に基づくプロセスの割合が増し，若年者においても字体一致効果がみられたと考えられる。一方，高齢者の場合は，全般的に加齢によってワーキングメモリも低下するため，最も短いラグでさえ判断が困難であり，全体的に処理の流暢性に基づいた判断の割合が若年者よりも大きかったと考えられる。このように，全体的な時間判断の正確さは，加齢によるさまざまな認知的変化に伴って低下するが，処理の流暢性などの情報を利用する自動的なプロセスは高齢者でも保たれており，距離ベースの時間判断は加齢によって変化しないことが示唆される。

　ただし，本実験課題は，全体的な経過時間弁別能力の結果からわかるように，若年者にとっても難度の高い課題であり，高齢者にとっては，経過時間判断の難しさだけでなく，単なる再認判断課題としても難度が高かった可能性は否めない。つまり，高齢者においては，2回目に呈示される単語のうち「ラグが6以内のものにだけ反応する」という構えが崩れ，2回目の呈示だと認識できた

単語にはほとんどすべて YES 反応してしまっており，経過時間の判断になっていなかった可能性もある。そのため，同様のパラダイムで再認判断を行った場合のパフォーマンスを調べる必要がある。再認判断，すなわち，2回目に呈示される項目すべてに YES 反応するという課題において，経過時間判断の場合よりも YES 反応率が十分高ければ，本課題のパフォーマンスが単なる再認課題になっていたという可能性を棄却できる。次の実験では，この点を確証するとともに，経過時間判断の場合と同様の字体一致効果が再認判断においてもみられるかどうかを調べることによって，時間的距離感に影響する要因と再認判断おける既知感に影響する要因との共通性についての検討も行う。

2-1-2　実験2　再認判断における文脈の効果

　実験1では，若年者よりも高齢者において経過時間判断に対する文脈の効果が大きかったが，高齢者では全体的な経過時間判断の正答率が非常に低かった。このことは，2回目に呈示される単語のうち「ラグが6以内のものにだけ反応する」という経過時間判断ではなく，反復項目であるとわかった単語にはほとんどすべて YES 反応するという再認判断になってしまっていた可能性が考えられる。そこで，実験1と同様の課題を用いて，再認判断を行った場合の正答率を調べる。同程度のラグ数において，経過時間判断の場合よりも再認判断で十分に高い YES 反応率が得られたならば，実験1は，単純な再認判断の処理要素だけでなく，少なくともある程度の経過時間判断の処理要素を含んでいたといえる。

　さらに，再認判断においても，経過時間判断の場合と同様に，文脈の効果がみられるかどうか，すなわち，文脈が一致している場合は不一致な場合よりも正再認率が高いという字体一致効果がみられるかどうかを調べる。実験1と同様の字体一致効果が再認判断においてもみられたならば，文脈の一致による処理の流暢性を，再認判断と経過時間判断における主観的感覚に共通した基盤のひとつとして同定することができる。

方　　法

　実験参加者　若年者29名（男性16名，女性13名；平均年齢25.5±4.1歳），お

および高齢者22名（男性12名，女性10名；平均年齢73.7±4.5歳；MMSE 28.8±0.7点）が本実験に参加した。

材　料　実験1とほぼ同様で，天野・近藤（2000）より，親密度5.0以上，3～4モーラの名詞96語（うち6語は練習試行）を用いた。単語は2つの異なる表記法——赤字かつ明朝体および青字かつゴシック体——を用いて，パソコン画面上に灰色の背景色で呈示された。漢字は用いず，すべて平仮名か片仮名で表記した。90語のうち60語を2回呈示し，延べ150語の単語リストを作成した。ラグは，2，4，8，16，32の5種類あり，それぞれ12語ずつであった。反復される60語のうち，2回の呈示で表記法が一致している項目と不一致な項目が各30語ずつあった。

手 続 き　実験1とほぼ同様の手続きであり，おもな変更点は，ラグに関係なく，反復された項目すべてにYES反応することであった。実験1と同様に，参加者は，字体を無視して，単語（の意味）に基づいて判断することが求められた。なお，本実験の刺激間間隔は1秒であった。短い練習試行によって課題を理解したことを確認した上で本試行を開始した。

結　果

再認判断正答率　各年齢群の全般的な再認判断正答率を表2-3に示す。年齢群間で正再認率，虚再認率に差があるかどうかを調べた結果，正再認率では群間差が有意であったが（$t(25)=7.02, p<.001$），虚再認率は両群ともに非常に低く，有意な群間差はみられなかった（$t(26)=-1.55, p>.10$）。

次に，ラグ別の正再認率を表2-4に示す。正再認率について，年齢群2（若年者・高齢者）×ラグ5（2，4，8，16，32）の分散分析を行った結果，両主効果および交互作用が有意であった（年齢群 $F(1, 49)=60.99, p<.001$；ラグ $F(4, 196)=29.14$,

表 2-3　各年齢群における反応数別 OLD 反応率

	Repeated (correct)		New (incorrect)	
	M	SD	M	SD
Young	.94	.06	.01	.02
Old	.67	.17	.03	.05

表 2-4　各年齢群におけるラグ別 OLD 反応率

Lag	Young		Old	
	M	SD	M	SD
2	.97	.06	.80	.18
4	.97	.05	.80	.16
8	.93	.08	.66	.21
16	.91	.13	.51	.24
32	.92	.09	.60	.23

$p<.001$；交互作用 $F(4, 196)=12.11, p<.001$)。ラグの主効果について，Ryan 法を用いた多重比較を行ったところ，ラグ 2 と 4 との間，ラグ 8 と 32 との間，およびラグ 16 と 32 を除くすべてのラグ間で有意な差がみられた ($p<.05$)。さらに，交互作用について，単純主効果の検定により，全ラグにおいて年齢群の効果が有意であり ($p<.001$)，また，高齢者群においてラグの効果が有意であったが ($p<.001$)，若年者群では有意傾向にとどまった ($p<.10$)。

再認判断における字体一致効果　正再認率に字体一致効果がみられるかどうかを調べるために，年齢群 2（若年者・高齢者）×表記法 2（一致・不一致）の分散分析を行った (表 2-5)。その結果，両主効果が有意であり (年齢群 $F(1, 49)=60.98, p<.001$；表記法 $F(1, 49)=15.17, p<.001$)，交互作用はみられなかった。

さらに，若年者および高齢者において，各ラグにおける字体一致効果の現れ方を調べるため，表記法 2（一致・不一致）×ラグ 5 (2, 4, 8, 16, 32) の分散分析を行った (表 2-6；図 2-4, 5 参照)。若年者では，両主効果が有意であり (表記法 $F(1, 28)=10.12, p<.01$；ラグ $F(4, 112)=4.30, p<.01$)，交互作用は有意ではなかった。ラグ

表 2-5　各年齢群における表記タイプ別 OLD 反応率

	Study-test font			
	Congruent		Incongruent	
	M	SD	M	SD
Young	.95	.06	.92	.08
Old	.70	.17	.63	.19

表2-6　各年齢群における表記タイプおよびラグ数別OLD反応率

Lag	Font	Young		Old	
		M	SD	M	SD
2	Congruent	.96	.10	.81	.20
	Incongruent	.98	.06	.80	.21
4	Congruent	.99	.05	.88	.17
	Incongruent	.96	.08	.73	.20
8	Congruent	.97	.08	.67	.19
	Incongruent	.90	.15	.65	.30
16	Congruent	.94	.12	.54	.32
	Incongruent	.89	.17	.49	.24
32	Congruent	.93	.10	.64	.26
	Incongruent	.90	.11	.57	.26

表2-7　正再認における表記タイプ別反応時間（ms）

	Study-test font			
	Congruent		Incongruent	
	M	SD	M	SD
Young	688	98	703	95
Old	991	131	993	122

の主効果について，Ryan法を用いた多重比較を行ったところ，ラグ2と16および32との間と，ラグ4と16および32との間のみ有意であった（$p<.05$）。同様に，高齢者においても，両主効果が有意であり（表記法 $F(1, 21)=7.02, p<.05$；ラグ $F(4, 84)=20.98, p<.001$），交互作用は有意ではなかった。ラグの主効果についての下位検定により，ラグ2と4との間，ラグ8および16と32との間を除くすべてのラグ間で有意な差がみられた（$p<.05$）。

反応時間における字体一致効果　　正再認の反応時間に字体一致効果がみられるかどうかを調べるために，年齢群2（若年者・高齢者）×表記法2（一致・不一致）の分散分析を行った（表2-7）。分析には，反応時間の素データを対数変換した値を用いた。その結果，年齢群の主効果のみが有意であった（年齢群 $F(1, 49)=102.43, p<.001$）。

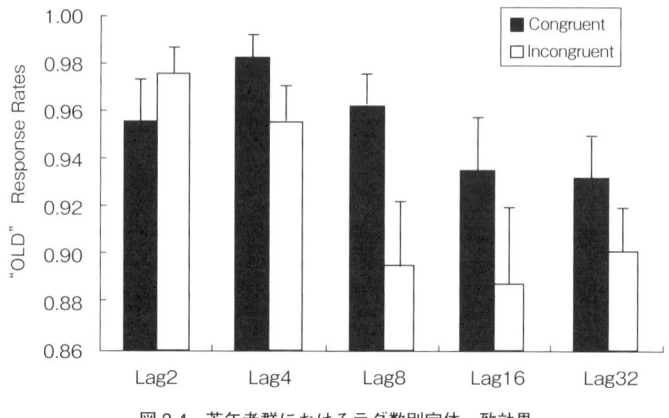

図2-4　若年者群におけるラグ数別字体一致効果

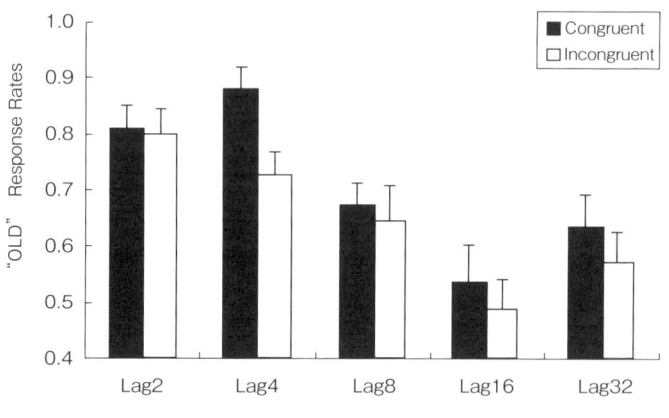

図2-5　高齢者群におけるラグ数別字体一致効果

考　察

　本実験課題における若年者の再認パフォーマンスは，ほとんど天井効果になっており，最大ラグ数の32ラグにおいても，90%以上の再認率であった。このことから，実験1における経過時間判断の課題の最大ラグ数は10であったため，反復項目の再認は難なく行えており，実験2と比べた実験1の正反応率の低さは，ラグ数や経過時間についての判断を反映していると考えられる。一方，高齢者においては，ラグ数が4までの正再認率は80%であったが，ラグ数

が8以上になると正再認率が60%前後まで落ちた。そのため，実験1の経過時間判断においては，反復項目の再認自体が困難であったと考えられ，高齢者群の反応においては若年者よりも，再認判断の成分が多く含まれていたと考えられる。しかし，たとえば，高齢者群の8ラグにおけるキー押し反応率を実験1 (37%) と実験2 (66%) とを比較すると，実験1の反応率の方が約30%低く，再認できた項目すべてにキー押し反応していたわけではないと推測できる。したがって，実験1の課題では，若年者だけでなく高齢者においても，単なる再認判断プロセスのみではなく，経過時間判断に固有のプロセスが含まれていたといえる。

　また，本再認判断課題においても，経過時間判断課題（実験1）と同様に字体一致効果がみられ，再認判断も経過時間判断と同様に，文脈の影響を受けることが示された。この結果から，文脈の一致による処理の流暢性が，時間的距離感と再認判断における既知感の強さを左右する共通の基盤であることが示唆される。さらに実験1と同様に，高齢者においても若年者と同様に字体一致効果がみられたことから，このような文脈の効果は，意識的想起の影響ではなく，より自動的な痕跡の活性化による処理の流暢性の高まりに起因することが再び支持された。なお，正再認における反応時間の分析においては，字体一致効果が有意ではなかったが，本実験手続きでは反応時間が短く制限されており，反応時間に上限があるため，差が出にくかったと考えられる。

2-1-3　実験3　経過時間判断における文脈の効果（2）：リスト弁別

　経過時間判断における文脈の効果を調べるにあたって，実験1では，学習フェイズとテストフェイズが分離していない連続的な判断パラダイムを用いたため，参加者は，学習（1回目の呈示）の段階から，後でその項目についての時間判断を行わなければならないことがわかっており，常に，時間情報に注意を向けていたと考えられる。しかし，日常的な場面で，あるイベントの生起から現在までの経過時間を判断するという状況に遭遇した際，そのイベントの経験時に，後で時間判断を行うことを意識して覚えるわけではないし，経験してから現在までの間，常にその経過時間に注意を向けているわけではない。したがって，そのような日常場面に即した設定，すなわち偶発的な学習条件のもとで検

討する必要がある。そこで，本実験では，学習フェイズとテストフェイズを分離した課題を用いることによって，より日常的な場面に近い状況において，経過時間判断に同様の文脈効果がみられるかどうかを調べることを目的とする。

実験1のようなラグ数判断課題では，判断すべき経過時間が比較的短く，数秒単位の時間差の弁別が求められるが，時間的リスト弁別課題を用いた本実験では，より長い経過時間，数分単位の時間差の弁別が求められる。さらに，時間情報および項目自体の意図的符号化を要求しない偶発学習を用いる。実験1と同様に，リスト弁別時には，距離ベースのプロセスに依存した時間判断が行われるようにするため短い時間制限を設けるとともに，経過時間以外の弁別手がかりを極力排除するため，リスト間で条件が同一になるよう統制する。具体的な手続きは，学習フェイズで2つの単語リストを15〜20分程度の間隔（この間に挿入課題を実施）を隔てて呈示し，テストでは，各単語がどちらのリストで呈示されたかを判断させる。学習時とテスト時で文脈（字体）の一致している項目としていない項目が各リストに半数ずつ含まれる。正確さ仮説によって予測される結果は，文脈が一致している項目の方が不一致な項目よりもリスト弁別の正答率が高くなるというものである（図2-6）。一方，活性化仮説では，文脈が一致している項目の方が不一致な項目より，2番目のリストに帰属される率が（正誤に関わりなく）高くなるという結果が予測される（図2-7）。すなわち，両仮説の違いは，リスト1に対する反応において逆の効果が予測されるという点である。

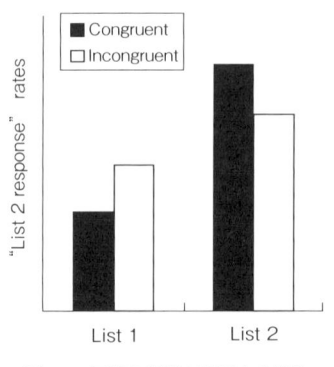

図2-6　正確さ仮説が予測する結果 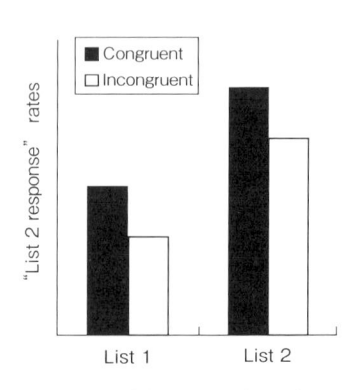　　　図2-7　活性化仮説が予測する結果

また，第1章で述べたように，加齢による時間順序記憶の低下が前頭葉機能の低下によるということが，前頭葉機能を測定する課題の成績との相関を調べた先行研究で示されている（Parkin et al., 1995）。そこで，本実験のリスト弁別課題においても前頭葉機能と関連があるかどうかを調べるために，実験1と同様に，若年者と高齢者のパフォーマンスを比較するとともに，リスト1と2の呈示の間に，主に前頭葉機能を測定する神経心理学的検査を実施し，その成績とリスト弁別パフォーマンスとの相関を調べる。

方　法

実験参加者　若年者20名（男性10名，女性10名；平均年齢24.5±2.4歳），および高齢者7名（男性5名，女性2名；平均年齢70.9±5.2歳；MMSE 28.7±1.4点）が本実験に参加した。

材　料　天野・近藤（2000）より，親密度5.0以上，3～4モーラの名詞96語（生物・無生物各48語）を用い，48語（生物・無生物各24語）がすべて2回呈示される学習リストを2つ作成した。両学習リストは，半数の24語をすべて2回呈示した後に，残りの24語を2回呈示し，前半と後半に同じ単語が反復されないようにするという条件のもとで，各単語の呈示順序はランダムであった。実験1・2と同様に，単語は2つの異なる表記法——赤字かつ明朝体および青字かつゴシック体——を用いて，パソコン画面上に灰色の背景色で呈示された。漢字は用いず，すべて平仮名か片仮名で表記した。学習リストの単語は，すべて同一表記で反復された。テストリストは，学習リストの全単語96語から成り，学習時と同じ表記法で呈示される項目（一致）と異なる表記法で呈示される項目（不一致）が48語ずつ（各学習リストから24語ずつ）あり，呈示順序はランダムであった。

手続き　個別実験で，各参加者はノートパソコンの前に着席した。

学習フェイズ　参加者は，パソコン画面上に日本語（平仮名か片仮名）の単語が，1語ずつ，各2秒間呈示されることを告げられた。課題は，呈示される単語が生き物の名前か，生き物以外の物の名前かを判断し，できるだけ速く左右どちらかのキー（"Z"か"－"）を押して答えることであった。このキー押しの反応時間を測定した。反応とキーの組み合わせはカウンターバランスをとっ

た。実験1・2と同様に，字体は無視して判断すること，単語と単語の間隔に「＋」が1秒間呈示されるが，次の単語が呈示される前であれば，「＋」が出てからでもキーを押してもよいことが告げられた。ただし，実際には，「＋」の後に0.5秒のブランク画面が挿入され，刺激間間隔は1.5秒であった。なお，後で記憶テストが行われることおよび学習リストがもうひとつあることは知らせなかった。第1学習リスト呈示後，15～20分間の挿入課題（ストループ課題，数唱課題，記憶更新課題）が行われた。3つの挿入課題の内容を以下に記す。

1) ストループ課題　Part Ⅰでは，赤，青，黄，緑の4色のうちのいずれかの色がついたドット（●）24個の色名をできるだけ速く間違わないように答えることが求められた。Part Ⅱでは，同様に，赤，青，黄，緑の4色のうちのいずれかの色がついた色以外の簡単な漢字（例：山，大，下）24個の色名をできるだけ速く間違わないように答えることが求められた。Part Ⅲでは，同様に，赤，青，黄，緑の4色のうちのいずれかの色がついたその意味と異なる色の漢字（赤，青，黄，緑）24個の色名をできるだけ速く間違わないように答えることが求められた。実験者が，各Partの所要時間とエラー数を記録した。

2) 数唱課題　実験者が，1～9の1桁の数字を1秒に1個のペースでランダムにいくつか読み上げた。順唱では，参加者は，実験者の読んだ数字をそのまま復唱した。逆唱では，実験者の読んだ順と逆の順序で再生した。順唱は3桁から，逆唱は2桁から始めて，同じ桁数の問題を2問ずつ行い，1桁ずつ増やしていった。2問とも答えられなくなるか，あるいは，順唱で9桁，逆唱で8桁まで実施した。順唱，逆唱ともに，最大14問実施し，最高得点は14点であった。

3) 記憶更新課題　3桁課題の場合，実験者が1～9の1桁の数字を1秒に1個のペースで3個以上ランダムに読み上げ，参加者は，実験者の読んだ数字の最後の3個のみを答えた。何個の数字を読み上げるかはランダムであり，最高は9個であった。4桁課題の場合は，実験者が4個以上10個までの数字をランダムに読み，参加者は最後の4個のみを答えた。3桁，4桁ともに各16問あり，最高得点は16点であった。

挿入課題終了後，第2の学習リストが呈示され，第1リストと同様の判断が求められた。2つの学習リストの実施順序はカウンターバランスをとった。

テストフェイズ　2つ目の学習リスト呈示終了直後にリスト弁別課題を行った。参加者は，パソコン画面上に学習フェイズで呈示された単語がすべて1度ずつ各2秒間，ランダムな順序で呈示されることを告げられた。課題は，呈示される単語が最初（昔）のリスト（リスト1）で見たものか，挿入課題後（最近）のリスト（リスト2）で見たものかを判断し，できるだけ速く左右どちらかのキー（"Z"か"–"）を押して答えることであった。字体は無視して判断すること，単語と単語の間隔に「+」が1秒間呈示されるが，次の単語が呈示される前であれば，「+」が出てからでもキーを押してもよいことが告げられた。実際には，「+」が1秒呈示された後，さらに0.5秒のブランク画面が挿入され，刺激間間隔は1.5秒であった。なお，あらかじめ，学習フェイズで呈示しなかった新奇な単語は呈示されないことを知らせたが，もし，学習フェイズで見たと思えない（思い出せない）単語があった場合はキーを押さなくてよいと教示した。

テスト終了後，どのような情報に基づいてリスト弁別を行っていたか，どのようなストラテジーを用いていたかについての内観報告を求め，リスト弁別の手がかりとして"時間的感覚"以外に外的な手がかりが存在しなかった（意識的には利用していなかった）かどうか，すなわち，距離的な時間感覚に基づいて判断を行っていたかどうかを確認した。

結　果

リスト弁別の正確さと字体一致効果　両群において無反応率（再認できなかった率）が極めて低かったため（若年者平均 .00，高齢者平均 .02），以下の分析では，無反応項目を除外した上での反応率を用いた。両学習リストにおいて，リスト2の項目であると判断した率（"リスト2反応"率）を，各リストの前半と後半で分け，年齢群別に算出したものを表2-8に示す。

まず，リスト2反応率について，年齢群2（若年者・高齢者）×リスト2（リスト1・2）×表記法2（一致・不一致）の3要因の分散分析を行った（図2-8, 9参照）。その結果，リストの主効果および年齢群とリストの交互作用が有意であり（リストの主効果 $F(1, 25) = 30.58, p < .001$；年齢群とリストの交互作用 $F(1, 25) = 4.36, p < .05$），リストと表記法の交互作用の傾向がみられた（$F(1, 25) = 3.17, p < .10$）。年齢群とリストの交互作用についての単純主効果の検定では，リスト1におけるリス

表 2-8 各年齢群における表記タイプ別"リスト2反応"率

		List 1				List2				Total	
		First Half		Second Half		First Half		Second Half			
	Font	M	SD	M	SD	M	SD	M	SD	M	SD
Young	Congruent	.34	.20	.39	.15	.50	.19	.70	.18	.48	.11
	Incongruent	.29	.15	.31	.17	.56	.18	.65	.14	.45	.08
Old	Congruent	.45	.13	.50	.26	.50	.19	.62	.27	.52	.16
	Incongruent	.46	.14	.38	.19	.57	.16	.59	.15	.50	.13

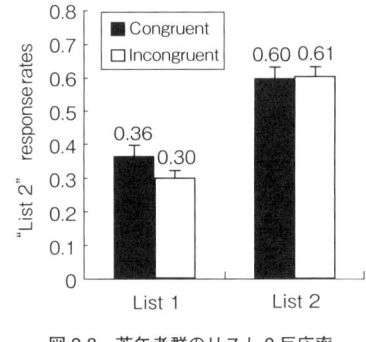

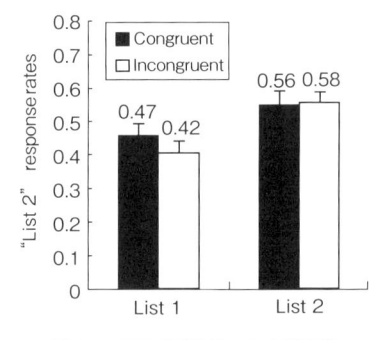

図2-8 若年者群のリスト2反応率

図2-9 高齢者群のリスト2反応率

ト2反応率(すなわち誤反応率)は,若年者の方が高齢者よりも有意に低かったが($p<.05$),リスト2におけるリスト2反応率(すなわち正反応率)には有意差がなかった。また,両年齢群においてリストの効果が有意であった($p<.05$)。有意傾向のみられたリストと表記法の交互作用についての単純主効果の検定では,両表記法においてリストの効果が有意であり($p<.001$),また,リスト1においては表記法の効果が有意であり($p<.05$),表記が一致しているほど,リスト2反応率が高いという字体一致効果がみられたが($p<.01$),リスト2においては表記法の効果は有意ではなかった。

次に,経過時間についての判断における字体一致効果をより詳細に調べるため,同一リスト内の項目をさらに前半と後半に分け,各年齢群におけるリスト2反応率について,時間経過4(リスト1前半・リスト1後半・リスト2前半・リスト2後半)×表記法2(一致・不一致)の2要因の分散分析を行った(表2-8;図

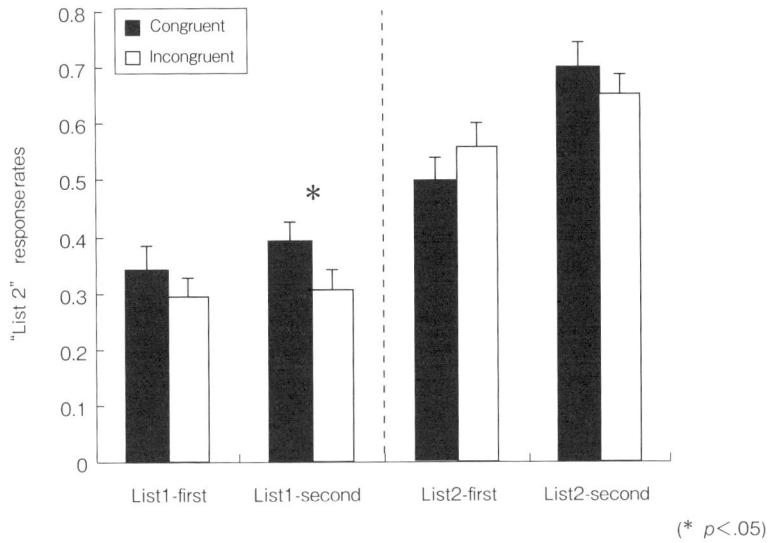

図 2-10 若年者群におけるリスト位置別字体一致効果

(* p<.05)

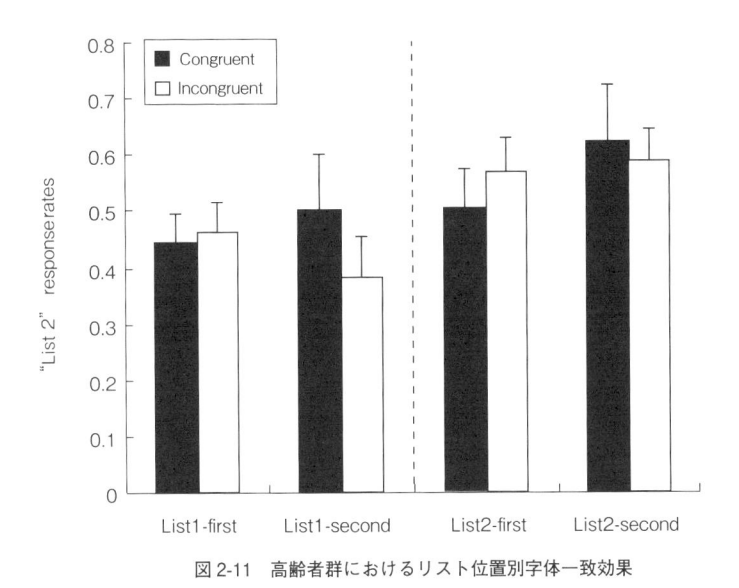

図 2-11 高齢者群におけるリスト位置別字体一致効果

2-10, 11 参照)。その結果,若年者群では,時間経過の主効果が有意であり($F(3, 57) = 29.54, p < .001$),交互作用の傾向がみられた($F(3, 57) = 2.46, p < .10$)。時間経過

の主効果について，Ryan 法を用いた多重比較を行ったところ，リスト 1 の前半と後半の間を除くすべての経過時間の間で有意な差がみられた（$p<.05$）。さらに，傾向のみられた交互作用について単純主効果の検定を行った結果，両表記法における時間経過の効果が有意であり（$p<.001$），リスト 1 の後半においてのみ，字体一致効果が有意であった（$p<.05$）。一方，高齢者群では，時間経過の主効果も傾向差にとどまり（$F(3, 18)=2.72, p<.10$），その多重比較において 5% 水準で有意差がみられるところはなく，有意な表記法の効果はみられなかった。

挿入課題との相関　各年齢群におけるストループ課題，数唱，記憶更新課題の成績を表 2-9 に示す。ストループ課題は各 Part の所要時間（秒）とエラー数，および Part Ⅲ の所要時間の Part Ⅰ の所要時間に対する割合（Ⅲ／Ⅰ），数唱は順唱・逆唱の得点（各 14 点満点）および総合得点，記憶更新課題は 3 桁・4 桁の得点（各 16 点満点）および総合得点を示す。ストループ課題における「Part

表 2-9　各年齢群における挿入課題の成績

	Young		Old	
	M	SD	M	SD
Stroop				
Ⅰ : sec	10.57	1.12	15.75	1.69
error	.00	.00	.14	.38
Ⅱ : sec	12.40	1.95	19.76	3.29
error	.05	.22	.14	.38
Ⅲ : sec	15.32	2.89	25.97	5.22
error	.40	.68	1.57	1.13
Ⅲ／Ⅰ	1.45	.24	1.66	.36
digit span				
forward	9.65	2.13	6.43	2.57
backward	8.65	2.16	4.71	1.70
total	18.30	3.64	11.14	3.02
updating				
3 digit	14.75	1.12	11.71	2.87
4 digit	12.50	2.28	6.43	5.50
total	27.25	2.95	18.14	8.28

Ⅲの所要時間のPartⅠの所要時間に対する割合」を除くすべての指標において加齢による有意な低下がみられた。ストループ課題におけるⅢ／Ⅰで年齢差がみられなかったことから，本実験に参加した高齢者群では，全般的な認知処理速度は遅くなっているものの，前頭葉機能のひとつである"抑制"の機能は比較的保たれていると考えられる。

次に，各年齢群におけるこれらの各課題成績の相関を表2-10, 11 に示し，リスト弁別の正確さとこれらの挿入課題成績との相関を表2-12に示す。両群において有意な相関がみられた課題はなかったが，両群をあわせた場合には，数

表2-10 若年者における各課題成績の相関

	1	2	3	4	5	6	7	8
1. Stroop: Ⅲ error	—							
2. Stroop: Ⅲ／Ⅰ	.13	—						
3. digit span: forward	-.12	-.06	—					
4. digit span: backward	.03	.21	.44+	—				
5. digit span: total	-.05	.09	.85**	.85**	—			
6. updating: 3 digit	.07	-.05	.76**	.38	.67**	—		
7. updating: 4 digit	.00	.00	.64**	.27	.54*	.44+	—	
8. updating: total	.03	-.02	.78**	.35	.67**	.72**	.94**	—

(+p<.10, *p<.05, **p<.01)

表2-11 高齢者における各課題成績の相関

	1	2	3	4	5	6	7	8
1. Stroop: Ⅲ error	—							
2. Stroop: Ⅲ／Ⅰ	-.24	—						
3. digit span: forward	-.16	-.02	—					
4. digit span: backward	-.25	-.02	-.04	—				
5. digit span: total	-.27	-.03	.83*	.53	—			
6. updating: 3 digit	-.35	-.09	.74+	-.22	.50	—		
7. updating: 4 digit	-.50	.15	.76*	-.04	.63	.95**	—	
8. updating: total	-.45	.07	.76*	-.10	.59	.98**	.99**	—

(+p<.10, *p<.05, **p<.01)

表2-12 各年齢群におけるリスト弁別の正確さと各挿入課題成績の相関

	Young	Old	Both
1. Stroop: III error	.14	-.04	-.16
2. Stroop: III / I	.13	.47	.08
3. digit span: forward	.20	-.09	.30
4. digit span: backward	.15	.41	.39*
5. digit span: total	.20	.16	.39*
6. updating: 3 digit	.35	-.42	.24
7. updating: 4 digit	-.08	-.25	.14
8. updating: total	.07	-.31	.18

(*$p<.05$)

唱の逆唱と総合得点において有意な正の相関がみられ，これらの得点が高い人ほど，リスト弁別が正確であった。

考　察

　本実験では，15～20分程度の間隔を隔てて偶発的に学習した2つのリスト項目についての時間的リスト弁別課題において，学習時とテスト時の文脈一致の効果がみられるかどうかを検討した。最初の（古い）リスト項目において，表記法が一致している単語の方が不一致な単語よりも後の（最近の）リストに帰属される率が高いという字体一致効果がみられ（図2-8, 9），古いリストで学習した項目でも，文脈の一致によってより最近に学習したと感じられることが示唆され，図2-6よりも図2-7に類似した結果が得られたことにより，実験1と同様に，正確さ仮説よりも活性化仮説を支持する結果が得られた。

　さらに，2つのリストを前半と後半に分けた分析では，若年者群において，リスト1の後半で学習した項目で有意な字体一致効果がみられた（図2-10）。リスト1の後半の項目は，前半の項目よりもリスト2に時間的に近いためリスト弁別がより困難であるが，特に，そのような時間的に曖昧な状況において文脈の効果が生じやすいことが示された。このことは，実験1と同様に，文脈効果が，正確な意識的想起の促進ではなく，より自動的，感覚的な処理を反映しているという主張と一貫する。また，言い方を換えると，リスト1の前半の項目は，実験の最初に呈示される刺激であるため，"最初"という強力な"時間タグ"

が連合されることによって，他の位置の項目と比較して位置情報が利用しやすいため，時間同定も正確になること（すなわち初頭効果）が予測される。したがって，このような時間タグを想起することができれば，リスト1の後半の項目よりも，前半の項目の方が，誤ってリスト2であると判断する率は低く抑えられる。実際，若年者においては，本実験のように瞬時に判断しなければならない場合でも，そのような位置情報を利用することがある程度可能であり，位置ベースの判断が可能であったリスト1の前半の項目においては，文脈の効果がみられなかったと考えられる。ただし，リスト弁別課題終了後の内観報告では，リスト弁別の手がかりとなる情報は，距離的な時間的感覚以外になかったことが確認されており，意図的に位置情報の利用が試みられていたわけではないことが示唆される。また，若年者のほとんどの参加者から，最近のリストであると思えなかった項目は最初のリストに帰属した（どちらのリストか分からなかった項目はリスト1と反応した）という内観報告が得られ，"リスト2"反応には相対的に確信の強い反応が多かったといえる。

　本実験課題では，若年者群でもリスト弁別の正確さが非常に低く，高齢者の中にはほとんどチャンスレベルの人もおり，特に高齢者群には難易度の高すぎる課題であったと思われる。本課題では，新奇項目を加えた再認判断を行わずにリスト弁別を実施したため，高齢者においても無反応率（学習項目を再認できなかった率）はかなり低かったものの，項目自体をどの程度正確に再認できていたかは確認できない。高齢者においてリスト弁別課題を行う際には，学習の反復回数を増やすか，あるいは学習を意図的に行うなどして，項目自体の記憶を強化する必要があると考えられる。

　また，前頭葉機能を反映すると考えられている挿入課題の成績の分析では，ほとんどの指標において高齢者は若年者よりも有意に成績が悪く，このような前頭葉機能の低下が時間的なリスト弁別能力の低下に関連している可能性が示唆される。各年齢群で，リスト弁別の正確さと挿入課題成績との相関を調べた結果，有意な相関のみられる課題はなかったが，両群をあわせた場合に数唱の逆唱と総合得点で有意な相関がみられ，数唱の成績が良い人ほど，リスト弁別能力が高いことが示された。数唱はワーキングメモリを測定する課題であるが，特に逆唱では，刺激系列の順序の再構成能力が必要とされる。このような秒単

位の時間的順序の再構成能力と，数分単位の時間的リスト弁別能力に関連があることが示唆され，他の前頭葉機能（遂行機能）課題と時間判断との相関を報告した先行研究（Fabini & Friedman, 1997）とともに，本実験結果からも時間判断に対する前頭葉機能の関与が示唆される。

リスト弁別課題を用いた本実験結果とラグ数判断課題を用いた実験1の結果を総合すると，数秒単位のかなり短期な時間判断（実験1）および十数分スケールの時間判断（実験3）の両方において，学習時と想起時の文脈の一致度が高いほど，（時間の同定がより正確になるのではなく）主観的な経過時間が短くなるという活性化仮説を支持する文脈効果が示され，スケールの異なる経過時間に対する主観的感覚のメカニズムの共通性が示唆された。さらに，実験2の再認判断の結果を踏まえると，文脈一致による処理の流暢性の高まりという要因が，再認判断の主観的感覚である既知感と経過時間に対する主観的感覚としての距離感を強める共通の要因であることが示唆されるとともに，若年者と高齢者の比較から，これらの文脈効果が自動的な処理の反映であることが支持された。

2-2 頻度要因の検討

2-2-1 実験4 経過時間判断における接触頻度の効果（1）：リスト弁別

実験3までは，処理の流暢性を左右する要因のうち，想起時における文脈の一致・不一致という要因が時間判断に与える効果について検討してきたが，本実験では，学習（経験，接触）の頻度という要因の効果を検討する。ある対象への接触頻度が増えることによって，その対象についての記憶痕跡強度が強まるが，距離ベースの時間判断プロセスの基盤が記憶痕跡強度であるならば，接触頻度の違いが距離ベースの時間判断に影響を与えるであろう。接触頻度が増すことによって，その対象についての処理の流暢性が高まるため，その対象についてのさまざまな判断が促進され，特に，ヒューリスティック（非分析的）な判断を行う際に，ポジティブな判断結果が導かれやすくなることが報告されている（Whittlesea & Price, 2001）。再認判断においては，学習項目の反復呈示によって正再認率が高まることが明らかであるが（Fisher & Nelson, 2006; Mandler, 1980），本実験では，経過時間判断においても，頻度による効果がみられるかどうかを

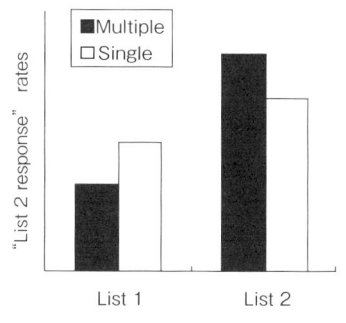

図2-12　正確さ仮説が予測する結果 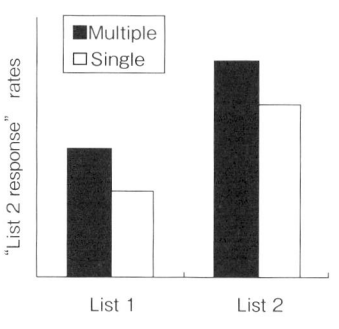　　図2-13　活性化仮説が予測する結果

調べることを目的とする。

第1章で述べたように，ラグ数判断課題を用いた Hintzman（2005）の研究では，学習時間の長さを変化させることによって記憶強度を操作し，学習時間が長い方（すなわち記憶強度が強い方）が，よりラグが短く（より最近であると）判断されることを報告している。本実験で操作するのは学習の頻度であるが，それに伴って学習の時間も同時に変化するため，Hintzman（2005）と同様に活性化仮説を支持する結果が予測される。しかし，頻度の増加は，単なる時間の増加だけではなく，各々の呈示に固有のエピソード情報が付随しうるため，学習時間の効果とは異なり，正確さ仮説パターンの結果になる可能性もある。頻度の記憶表象についての先行研究では，同一刺激の反復呈示によって，単一の記憶痕跡強度が累積的に増加するという累積強度仮説（cumulative strength hypothesis）よりも，時間的に分離された複数の痕跡が形成されるという多次元痕跡仮説（multiple-trace hypothesis）の方が支持されている（Hintzman, 1988; Hintzman & Block, 1971）。本実験では，このような頻度の記憶表象と経過時間判断との関係について，若年者と高齢者の比較も踏まえて検討する。

本実験では，実験3と同様に学習フェイズと想起フェイズが分離したリスト弁別課題を用いて学習頻度を操作する。経過時間判断においても頻度の効果がみられた場合，頻度が高いほど判断がより正確になるのか（正確さ仮説：図2-12参照），あるいはより最近に感じられるのか（活性化仮説：図2-13参照）を検討する。実験3と同様，両仮説の違いは，リスト1に対する反応において逆の効果が予測されるという点である。

方　法

実験参加者　若年者14名（男性6名，女性8名；平均年齢24.3±2.8歳），および高齢者7名（男性4名，女性3名；平均年齢67.9±4.5歳；MMSE 29.3±0.8点）が本実験に参加した。

材　料　表記法が黒字かつゴシック体の1種類であり，各学習リストにおいて，呈示回数が1回と3回のものが各24語（生物・無生物各12語）あったという点以外を除いて，実験3と同様の方法で学習リストとテストリストを作成した。3回呈示される項目の反復は，リストの前半と後半のどちらか一方でのみ反復されるようにした。なお，3回呈示項目の反復が連続しないという条件で呈示順序はランダムであった。

手続き　字体に関する教示を除いて，実験3と同一の手続きを用いた。

結　果

リスト弁別の正確さと頻度の効果　実験3と同様に，両群において無反応率が極めて低かったため（若年者平均.00，高齢者平均.01），以下の分析では，無反応項目を除外した上での反応率を用いた。各学習リストにおける"リスト2反応"率を，各リストの前半と後半で分け，年齢群別に算出したものを表2-13に示す。

まず，リスト2反応率について，年齢群2（若年者・高齢者）×リスト2（リスト1・2）×頻度2（1回・3回）の3要因の分散分析を行った（図2-14, 15参照）。その結果，リストと頻度の主効果および年齢群とリストの交互作用が有意であった（リストの主効果$F(1, 19) = 112.48, p<.001$；頻度の主効果$F(1, 19) = 25.29, p<.001$；年齢群とリストの交互作用$F(1, 19) = 4.92, p<.05$）。年齢群とリストの交互作用についての単純主効果の検定では，リスト1におけるリスト2反応率（すなわち誤反応率）は，若年者と高齢者で有意差がなかったが，リスト2におけるリスト2反応率（すなわち正反応率）は，若年者の方が高齢者よりも有意に高かった（$p<.05$）。また，両年齢群においてリストの効果が有意であった（$p<.001$）。

次に，経過時間判断における頻度の効果をより詳細に調べるため，同一リスト内の項目をさらに前半と後半に分け，各年齢群のリスト2反応率につい

2-2 頻度要因の検討

表 2-13　各リスト語に対する呈示頻度別"リスト 2 反応率"

	Frequency	List 1				List2				Total	
		First Half		Second Half		First Half		Second Half			
		M	SD	M	SD	M	SD	M	SD	M	SD
Young	1	.30	.11	.37	.15	.54	.15	.58	.15	.45	.09
	3	.30	.13	.45	.16	.64	.14	.78	.12	.54	.07
Old	1	.37	.17	.25	.16	.43	.19	.52	.06	.39	.09
	3	.39	.17	.50	.12	.60	.10	.70	.13	.55	.07

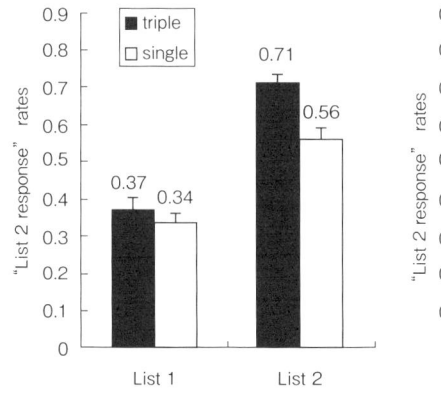

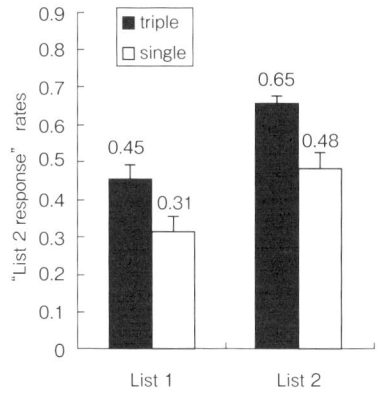

図 2-14　若年者群のリスト 2 反応率　　図 2-15　高齢者群のリスト 2 反応率

て，時間経過 4 (リスト 1 前半・リスト 1 後半・リスト 2 前半・リスト 2 後半) ×頻度 2 (1 回・3 回) の 2 要因の分散分析を行った (表 2-13；図 2-16, 17 参照)。その結果，若年者群では，時間経過と頻度の両主効果およびその交互作用が有意であった (時間経過$F(3, 39) = 35.78, p<.001$；頻度$F(1, 13) = 13.27, p<.01$；交互作用$F(3, 39) = 4.44, p<.01$)。時間経過の主効果について，Ryan 法を用いた多重比較を行ったところ，リスト 2 の前半と後半との間を除くすべて時間経過の間で有意な差がみられた ($p<.05$)。交互作用についての単純主効果の検定では，両頻度において時間経過の効果が有意であり ($p<.001$)，リスト 1 の前半では頻度の効果は有意ではなく，リスト 1 の後半では傾向がみられ ($p<.10$)，リスト 2 の前半 ($p<.05$) および後半 ($p<.001$) では有意な頻度の効果がみられた。一方，高齢者群では，時間経過

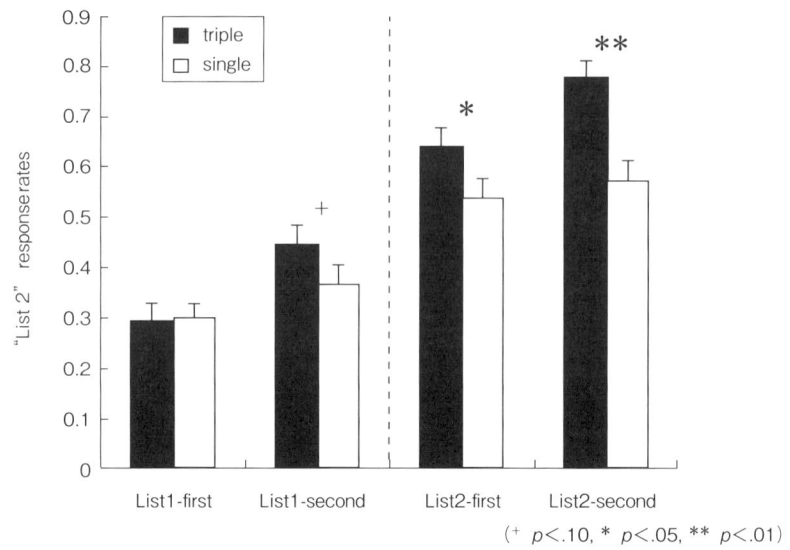

図2-16 若年者群におけるリスト位置別呈示頻度効果
($^+$ $p<.10$, $*$ $p<.05$, $**$ $p<.01$)

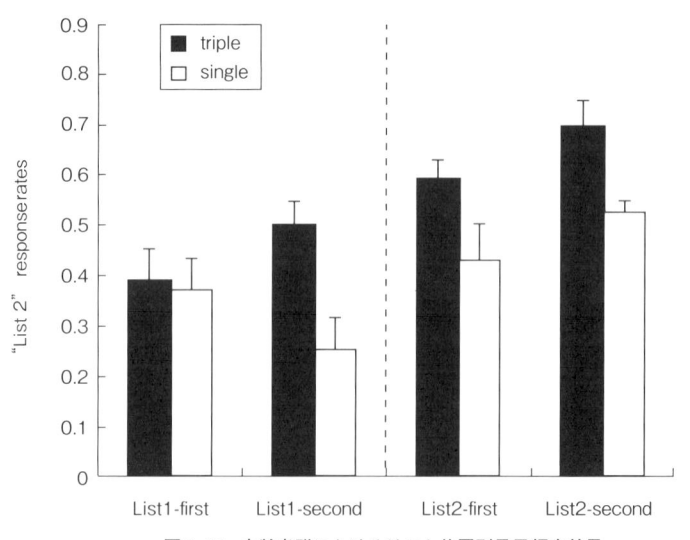

図2-17 高齢者群におけるリスト位置別呈示頻度効果

および頻度の両主効果が有意であったが（時間経過 $F(3, 18) = 9.30$, $p<.001$；頻度 $F(1, 6) = 10.56$, $p<.05$），交互作用はみられなかった。時間経過の主効果についての下位検定では，リスト2の後半とリスト1の前半および後半との間のみ有意な

差がみられた（$p<.05$）。

挿入課題との相関　各年齢群におけるストループ課題，数唱，記憶更新課題の成績を表2-14に示す。ストループ課題は各Partの所要時間（秒）とエラー数，およびPart Ⅲの所要時間のPart Ⅰの所要時間に対する割合（Ⅲ／Ⅰ），数唱は順唱・逆唱の得点（各14点満点）および総合得点，記憶更新課題は3桁・4桁の得点（各16点満点）および総合得点を示す。すべての指標において加齢による有意な低下がみられた。

次に，各年齢群におけるこれらの各課題成績の相関を表2-15, 2-16に示し，同一の挿入課題を行った実験3の参加者のデータとあわせてデータ数を増やして算出した相関を表2-17, 2-18に示す。さらに，リスト弁別の正確さとこれらの挿入課題成績との相関を表2-19に示す。両群において有意な相関がみられた課題はなかったが，3桁の記憶更新課題の得点が高い人ほどリスト弁別が

表2-14　各年齢群における挿入課題の成績

	Young		Old	
	M	SD	M	SD
Stroop				
Ⅰ : sec	11.12	1.69	15.41	4.61
error	.00	.00	.14	4.71
Ⅱ : sec	13.23	2.56	19.65	11.06
error	.07	.27	.14	.38
Ⅲ : sec	15.27	3.58	28.44	.38
error	.29	.61	2.43	2.15
Ⅲ／Ⅰ	1.38	.27	1.79	.54
digit span				
forward	9.86	1.61	7.43	1.62
backward	9.50	1.83	5.86	1.95
total	19.36	2.90	13.29	3.09
updating				
3 digit	15.50	.65	13.00	2.38
4 digit	14.50	1.16	10.00	2.94
total	30.00	1.47	23.00	5.03

正確である傾向が両群においてみられた。また、高齢者においてのみ、数唱の総合得点が高い人ほどリスト弁別が正確である傾向がみられた。なお、両群あわせた場合には、数唱の順唱、および記憶更新課題の3指標において有意な正の相関がみられ、これらの得点が高い人ほどリスト弁別が正確であった。また、数唱の総合得点が高い人ほどリスト弁別が正確である傾向がみられた。

考　察

本実験では、実験3と同様に、15～20分程度の間隔を隔てて偶発的に学習した2つのリスト項目についての時間的リスト弁別課題において、学習（接触）

表 2-15　若年者における各課題成績の相関

	1	2	3	4	5	6	7	8
1. Stroop: Ⅲ error	—							
2. Stroop: Ⅲ / Ⅰ	.39	—						
3. digit span: forward	-.42	.27	—					
4. digit span: backward	-.41	-.03	.42	—				
5. digit span: total	-.50+	.13	.82**	.86**	—			
6. updating: 3 digit	-.19	.09	.37	.10	.27	—		
7. updating: 4 digit	-.65*	-.29	.58*	.49+	.63*	.25	—	
8. updating: total	-.60*	-.19	.62*	.43	.61*	.64*	.90**	—

(+p<.10, *p<.05, **p<.01)

表 2-16　高齢者における各課題成績の相関

	1	2	3	4	5	6	7	8
1. Stroop: Ⅲ error	—							
2. Stroop: Ⅲ / Ⅰ	.75+	—						
3. digit span: forward	-.21	-.39	—					
4. digit span: backward	-.62	-.29	.50	—				
5. digit span: total	-.50	-.39	.84+	.89**	—			
6. updating: 3 digit	-.20	-.48	.82+	.32	.63	—		
7. updating: 4 digit	-.58	-.72+	.87*	.64	.86*	.78*	—	
8. updating: total	-.43	-.65	.90**	.53	.80*	.93**	.96**	—

(+p<.10, *p<.05, **p<.01)

2-2 頻度要因の検討

表 2-17 実験 3 と 4 の若年者における各課題成績の相関 (n=34)

	1	2	3	4	5	6	7	8
1. Stroop: Ⅲ error	—							
2. Stroop: Ⅲ / Ⅰ	.54**	—						
3. digit span: forward	-.22	-.14	—					
4. digit span: backward	-.14	-.07	.43*	—				
5. digit span: total	-.21	-.12	.84**	.86**	—			
6. updating: 3 digit	-.03	-.31+	.63**	.35*	.58**	—		
7. updating: 4 digit	-.17	-.34+	.57**	.37*	.55**	.51**	—	
8. updating: total	-.14	-.37*	.67**	.41*	.63**	.75**	.95**	—

($+p<.10$, $*p<.05$, $**p<.01$)

表 2-18 実験 3 と 4 の高齢者における各課題成績の相関 (n=14)

	1	2	3	4	5	6	7	8
1. Stroop: Ⅲ error	—							
2. Stroop: Ⅲ / Ⅰ	.52+	—						
3. digit span: forward	-.08	-.12	—					
4. digit span: backward	-.36	-.10	.24	—				
5. digit span: total	-.27	-.14	.82**	.75**	—			
6. updating: 3 digit	-.15	-.22	.78**	.12	.60*	—		
7. updating: 4 digit	-.29	-.10	.80**	.31	.72**	.88**	—	
8. updating: total	-.25	-.15	.81**	.25	.70**	.95**	.98**	—

($+p<.10$, $*p<.05$, $**p<.01$)

表 2-19 リスト弁別課題と挿入課題の成績の相関

	Young	Old	Both
1. Stroop: Ⅲ error	.02	-.39	-.19
2. Stroop: Ⅲ / Ⅰ	.22	-.27	-.31
3. digit span: forward	.18	.59	.45*
4. digit span: backward	-.26	.62	.26
5. digit span: total	-.06	.70+	.37+
6. updating: 3 digit	.48+	.68+	.54*
7. updating: 4 digit	.15	.53	.46*
8. updating: total	.33	.63	.52*

($+p<.10$, $*p<.05$)

頻度の効果がみられるかどうかを検討した。接触頻度の高い項目の方が接触頻度の低い項目よりも，後の（より最近の）リストに帰属される率が高いという頻度の効果がみられ（図2-14, 15），古いリストで学習した項目でも，高頻度接触によってより最近に学習したと感じられることが示唆され，活性化仮説による予測（図2-13）に一致した結果が得られた。リスト弁別の"客観的正確さ"という観点では，高齢者は若年者よりも有意に低かったが，高齢者も若年者と同様の頻度の影響を受けており，頻度の効果が自動的処理の反映であることが示唆される。

　各リストを前半と後半に分けて経過時間を4段階に区分した結果，リスト1の前半，すなわち実験の最初に学習した項目については，実験3の場合と同様に，特に若年者では頻度の効果がまったくみられず，誤ってリスト2であるとする反応率は低かった。このような初頭効果は，"最初"という強力な時間タグ（すなわち位置情報）が利用できたため，より曖昧な強度情報に頼らずに判断が可能であったことを反映していると考えられる。なお，実験3と同様に，リスト弁別課題終了後の内観報告では，リスト弁別の手がかりとなる情報は，時間的感覚以外になかったことが確認され，若年者のほとんどの参加者において，最近のリストであると思えなかった項目は最初のリストに帰属した（どちらのリストか分からなかった項目はリスト1と反応した）という報告が得られ，"リスト2"反応には相対的に確信の強い反応が多かったといえる。

　前頭葉機能課題（挿入課題）成績の分析では，すべての指標において高齢者は若年者よりも有意に成績が悪かった。また，若年者と高齢者の両群において，3桁の記憶更新課題の得点が高い人ほどリスト弁別が正確である傾向がみられ，さらに高齢者においては，数唱の総合得点が高い人ほどリスト弁別が正確である傾向がみられた。両群をあわせた場合は，記憶更新課題の全指標と，数唱の順唱で有意な相関がみられ，数唱の総合得点で相関の傾向がみられた。これらの結果から，前頭葉をおもな神経基盤とする認知機能が，時間的リスト弁別能力に関連している可能性が示唆された。特に，記憶更新と時間判断とのプロセスの関連性の示唆は興味深い。時間判断，特に距離ベースの経過時間判断では，あるイベントの生起時から現在までの経過時間を推定するわけであるが，イベントの"生起時刻"は不動である一方で"現在"の方は刻一刻と変化し，経過

時間も絶えず累積的に変化するため，経過時間情報は常に更新されなければならない。したがって，情報の更新機能が経過時間判断能力に強く関連していると考えられる。

また，接触頻度あるいは反復呈示の効果については，古くからさまざまな課題で検討されており，若年者と高齢者を比較した研究では，間接的な指標，たとえば好き嫌い判断では年齢差はみられず，接触頻度が高いほど好感度が高まるという頻度の効果が両群においてみられることが示されている（Wiggs, 1993）。本実験結果も同様に，頻度に関する直接的な判断は求めないリスト弁別（間接的指標）において，頻度の効果が若年者と高齢者の両方でみられた。頻度が高い項目ほど，時間的により最近であると判断される率が高いという結果が両リストにおいて示されたことから，項目の反復呈示によって時間の同定がより正確になるのではなく，主観的な経過時間が短くなるということが示された。本実験パラダイムのように，主観的な時間感覚以外にリスト弁別の手がかりとなる情報がほとんどないという状況では，反復呈示によって記憶痕跡強度が高まっても，時間情報の記憶の正確さは偶発的には高まらないと考えられる。このような状況では，経過時間判断は，記憶痕跡強度の違いから生じる処理の流暢性などに基づいて行われることが示された。

2-2-2 実験5 頻度判断と経過時間判断の関係：リスト弁別

実験4では，2リスト弁別課題において，接触頻度が高い項目の方が，より最近（後）のリストに帰属される率が高いという結果が得られ，経過時間判断における頻度の無意識的な影響が示された。本実験では，頻度と時間に関する想起プロセスの関係についてさらなる検討を行うため，直接的に接触頻度についての判断（頻度判断）を課すことによって，その判断の正確さとリスト弁別の正確さに相関があるかどうか，すなわち，頻度判断が正確な人ほど，時間的リスト弁別も正確であるのかどうかを調べる。また，実験4までの結果，高齢者は若年者よりも有意に経過時間判断が不正確であることが示されたが，頻度判断においても加齢の影響がみられるのかどうかを調べる。頻度判断の先行研究では，頻度情報の符号化は年齢などの個人差の変数の影響を受けず，自動的に処理されるという報告（Hasher & Zacks, 1979; 1984）と，意図的な符号化の効果

があるという報告（Greene, 1986）の両方が存在するが，本実験では，高齢者と若年者の頻度判断の正確さの比較によってこの点を検討する。

さらに，両判断の正確さの相関の分析に加えて，実験4と同様に，リスト弁別パフォーマンスに頻度の影響がみられるかどうか，すなわち，接触頻度が高いほどリスト弁別は正確になるのか，あるいは，より最近のリストに帰属される率が高まるのかということも再度検討する。実験4では項目の学習自体が偶発的であり，項目再認自体が困難であった可能性が高いため，本実験では，項目再認が容易になるように，項目自体の符号化を意図的に行わせる学習課題にし（時間情報については偶発学習），刺激には単語よりも記憶強度が強い写真を用いた。また，実験4と異なり，本実験のテスト項目には新奇項目も入れ，再認判断を含めたリスト弁別テストを行った。また，実験4では弁別リストが2つだけであったが，本実験では3つにし，これまでの実験と同様に，時間以外のリスト弁別手がかりがないように統制された条件でリスト学習を行った。なお，同一項目に対して頻度判断とリスト弁別の両判断を求めるため，ターゲットの写真刺激とその名前（単語）の視覚呈示および聴覚呈示を組み合わせることによって，頻度判断時とリスト弁別時においてターゲット写真に対する接触頻度が一定となるように工夫した。

方　法

実験参加者　若年者21名（男性10名，女性11名；平均年齢23.8 ± 2.2歳），および高齢者12名（男性8名，女性4名；平均年齢73.2 ± 3.7歳；MMSE 28.6 ± 1.2点）が本実験に参加した。

材　料　物体のカラー写真55枚，および天野・近藤（2000）より，親密度5.0以上，3〜4モーラの名詞63語を使用した（うち3枚の写真とその名詞は練習試行で使用した）。各物体の名前が，天野・近藤（2000）の親密度5.0以上，3〜4モーラの名詞になるように物体の写真を準備した。写真3枚を1セットとして11セットから成る学習リストを3つ作成した。各学習リストの項目（写真）には，呈示回数が1回のものが3項目，2回のものが4項目，3回のものが3項目，4回のものが2項目，5回のものが1項目あった。同一項目は1セット以上隔てて反復され，同一項目が同一セット内に含まれることはなく，かつ，3項

うさぎ

図 2-18　学習刺激例

目とも同一のセットはなかった。各項目は写真の上段に平仮名か片仮名で名前を表示した（図 2-18 参照）。各学習リストに対する頻度判断テストリストは，各学習リストの全 13 項目に新奇項目を 7 項目追加した 20 語から成る単語リストを用い，リスト弁別テストリストは，全学習項目に新奇項目 13 項目を追加した 52 枚の写真リスト（物体名は非表示）を用いた。テストリストの項目は参加者ごとにランダムに呈示した。

手続き　個別実験で，各参加者はノートパソコンの前に着席した。

学習と頻度判断フェイズ　まず，呈示される刺激についての頻度判断を後で行うことを告知した上で第 1 の学習リストの呈示を開始した。パソコン画面上に 1 セットの各項目を 2 秒ずつ連続して呈示し，参加者は呈示された項目（物体名）を声に出して読みながら覚えた後，妨害課題として 10 秒間，計算問題（2 桁の足し算）を行った。その後，呈示された 3 項目を口頭で回答し，実験者は回答を筆記した。それを 11 セット（1 リスト分）終了後，頻度判断テストを実施し，実験者によって聴覚呈示される各項目（物体名）に対して，学習リストでその写真が何回呈示されたかを回答した（すなわち，頻度判断テストでは写真は呈示されなかった）。なお，参加者自身の言語反応の回数（3 項目再生で再生した数）の記憶に頼ると，3 語再生で失敗した項目では実際の呈示回数と異なるためズレが大きくなると考えられるので，「写真を見た回数」を想起して判断を行うよう強調した。最高頻度が 5 回であることは知らせずに自由回答とした。同様の手続きで残りの 2 つの学習リストを呈示した。学習リストの呈示順序はカウンターバランスをとった。なお，後にリスト弁別課題を行うことは知らせなかった。

リスト弁別フェイズ　すべての学習リストの呈示終了直後，リスト弁別テ

ストを行った。参加者は,呈示される各項目(写真)に対して,新奇項目,リスト1,リスト2,リスト3のいずれであるかを,できるだけ速く正確に判断し,それぞれキーボードのA,J,K,Lのキーを押すことによって回答した。Aのキーは左手で,他の3つのキーは右手で押した。なお,若年者群では反応時間に制限があり,写真は2秒間ずつ,1秒間隔で呈示された。一方,高齢者の場合は,この時間制限で即答することが困難であったため,回答に時間制限を設けず,自身のペースで反応し,反応したら次の項目を呈示するという手続きをとった。

結　果

3項目再生・頻度判断・リスト弁別パフォーマンスにおけるリスト位置の効果　各リストにおける,3項目再生率,頻度判断(Judgement of Frequency；以下,JOF)時の正再認(ヒット)率,実際の頻度からのズレの総和および実際の頻度と推定された頻度との相関,リスト弁別の正帰属率および正帰属の反応時間(RT)を表2-20, 21に示す。各指標において,リスト位置の効果がみられるかどうかを調べるために,1要因の分散分析を行った結果,若年者群では,リスト弁別における正帰属率 ($F(2, 40) = 3.30, p < .05$) および正帰属RT($F(2, 40) = 8.73, p < .01$)で有意な効果がみられた。正帰属率についてRyan法を用いた多重比較を行ったところ,リスト1の方がリスト3よりも有意に正帰属率が高かった ($p < .05$)。また,正帰属RTについての多重比較では,リスト1の方がリスト2よりも有意にRTが短かった ($p < .05$)。一方,高齢者群では,リスト位置による差が有意な指標はなかった。

また,高齢者群と若年者群の比較の結果,3項目再生率 ($t(12) = 7.09, p < .001$),頻度判断ズレ量 ($t(31) = -3.2, p < .01$),リスト正帰属率($t(31) = 2.93, p < .01$),およびリスト弁別における旧項目再認率 ($t(13) = 2.01, p < .05$) のすべてにおいて,高齢者群は若年者群よりもパフォーマンスが悪かったが,実際の頻度と推定された頻度との相関には有意な差はみられず,高齢者の方が低い傾向にとどまった ($t(31) = 1.53, p < .10$)。

頻度判断とリスト弁別における頻度の効果　接触頻度別に,1項目あたりの頻度判断ズレ量,リスト帰属位置平均,リスト正帰属率,およびリスト帰属

表 2-20　各リストにおける若年者のパフォーマンス

	List						total	
	1		2		3			
	M	SD	M	SD	M	SD	M	SD
Recall Rates for 3 items	.95	.05	.97	.03	.97	.03	.97	.03
Recognition (Hit Rates)	.99	.03	1.00	.02	1.00	.02	.99	.01
Absolute Deviation on JOF	6.33	2.74	6.29	2.17	6.57	2.46	18.28	5.95
JOF Correlation	.83	.10	.82	.12	.80	.17	.80	.10
List Attribution Accuracy	.69	.18	.63	.23	.53	.20	.62	.12
Correct Attribution RT (ms)	1142	206	1315	242	1240	187	1231	182

表 2-21　各リストにおける高齢者のパフォーマンス

	List						total	
	1		2		3			
	M	SD	M	SD	M	SD	M	SD
Recall Rates for 3 items	.77	.05	.78	.13	.82	.13	.79	.08
Recognition (Hit Rates)	.98	.05	.96	.05	.97	.04	.97	.03
Absolute Deviation on JOF	9.67	3.11	8.83	1.99	8.42	3.45	26.92	7.39
JOF Correlation	.79	.14	.75	.14	.77	.13	.74	.12
List Attribution Accuracy	.48	.23	.57	.22	.41	.24	.49	.12

RT を表 2-22，23 に示す。リスト帰属位置平均は，各項目に対して判断されたリスト位置（1・2・3）の数値をそのまま平均した値であり，値が2よりも大きいほど実際より後のリストに帰属される傾向にあること，逆に，値が2よりも小さいほど実際より前のリストに帰属される傾向にあることを示し，値が2に近いほど一定方向への偏りが少ないことを示している。各指標において，頻度の効果がみられるかどうかを調べるために1要因の分散分析を行った結果，若年者群では，1項目あたりの頻度判断ズレ量（$F(4, 80) = 31.47, p < .001$）およびリスト帰属 RT（$F(4, 80) = 4.92, p < .01$）で有意な効果がみられた。頻度判断ズレ量についてRyan法を用いた多重比較を行ったところ，頻度1と2の間を除くすべての頻度間で有意な差がみられた（$p<.05$）。また，リスト帰属 RT についての多重比較では，頻度5とすべての頻度との間で有意な差がみられ（$p<.05$），その

表 2-22 各頻度における頻度判断とリスト弁別の若年者のパフォーマンス

	frequency									
	1		2		3		4		5	
	M	SD	M	SD	M	SD	M	SD	M	SD
Deviation Ratio on JOF	.13	.14	.31	.18	.58	.22	.87	.35	1.25	.78
List Attribution Average	1.91	.18	1.85	.21	1.94	.32	1.89	.30	1.78	.30
List Attribution Accuracy	.54	.23	.63	.12	.61	.15	.67	.22	.65	.27
List Attribution RT (ms)	1324	172	1319	235	1283	167	1285	184	1164	268

表 2-23 各頻度における頻度判断とリスト弁別の高齢者のパフォーマンス

	frequency									
	1		2		3		4		5	
	M	SD	M	SD	M	SD	M	SD	M	SD
Deviation Ratio on JOF	.17	.11	.51	.23	.77	.34	1.18	.47	1.64	1.01
List Attribution Average	1.68	.65	1.66	.67	1.68	.61	1.49	.67	1.64	.50
List Attribution Accuracy	.79	.58	.71	.66	.69	.60	.73	.57	.86	.59

他の頻度間では有意な差はみられなかった。一方，高齢者群では，1項目あたりの頻度判断ズレ量（$F(4, 44) = 16.36, p < .001$）においてのみ有意な頻度の効果がみられ，Ryan 法を用いた多重比較を行ったところ，頻度が2以上異なるもの同士の間ですべて有意な差がみられた（$p<.05$）。

頻度判断とリスト弁別の正確さの参加者間相関 頻度判断が正確な人ほど，時間的リスト弁別も正確であるのかどうかを調べるために，頻度判断のズレ量の総和とリスト正帰属率との相関係数を求めた結果，若年者のみでは，$r=-.68$（$p<.01$）と有意な相関がみられ，実際の頻度と推定した頻度とのズレが小さい人ほど，リスト弁別も正確であることが示された。一方，高齢者のみでは相関は有意ではなかったが，両群をあわせた場合，$r=-.50$（$p<.01$）と有意な相関がみられた（図2-19）。なお，リスト弁別の正確さと3項目再生率との相関，およびリスト弁別の正確さとリスト正帰属 RT との相関は，若年者と高齢者の両群において，いずれも有意な相関はみられなかった。

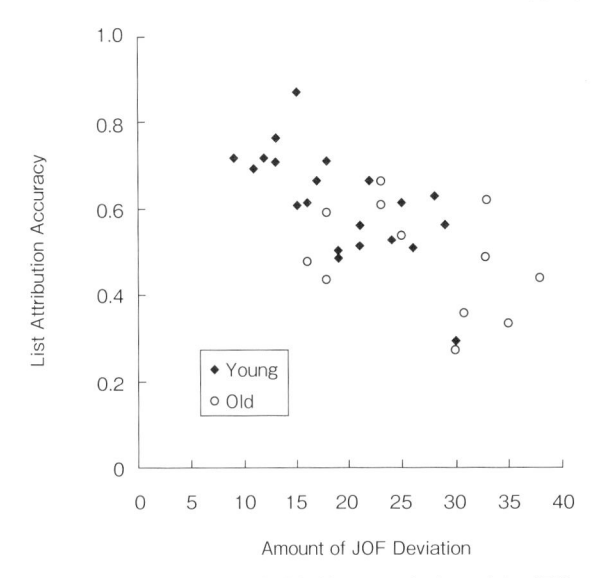

図2-19 全被験者における頻度判断とリスト弁別の正確さの相関

考　察

　本実験の主要な目的は，時間的リスト弁別と頻度判断の正確さに相関があるかどうかを調べることであった。実験の結果，頻度判断のズレが小さい，すなわち頻度判断が正確である人ほど，リスト弁別も正確であるという相関が示され，頻度判断プロセスと経過時間判断プロセスが関連している可能性が示唆された。時間的に分離された同一項目の反復呈示の頻度を同定する想起プロセスと，各項目呈示からの経過時間の判断に関わる想起プロセスとは，少なくとも一部は基盤が共通していると考えられる。一般的に，反復によって記憶強度が高まり，その項目に対する処理の流暢性が高まるが，時間的距離の近さによっても処理の流暢性は高まる。したがって，頻度の高さによる流暢性の高まりと時間的距離によるそれとを分離できることによって，頻度判断と時間的リスト弁別の両パフォーマンスが高められると考えられる。

　本実験においても，若年者に加えて高齢者も対象としたが，高齢者の場合は若年者と異なり，リスト弁別テストで反応時間制限を設けなかったため，群間で手続きに若干の相違があった。したがって，高齢者と若年者のリスト弁別パフォーマンスを直接比較したり，データを合算して分析することは適切でない。

ただし，実験終了後の若年者の内観報告では，時間を同定する明確な手がかりが存在しないため，たとえ判断時間に制限がなかったとしても正確さは高まらないように感じたという報告もあった。そこで，本考察では，用いられる判断プロセスにおいて群間で違いが生じうる可能性を考慮した上で両群の比較検討を試みる。

若年者群では，リスト弁別の正帰属率および反応時間に有意なリスト位置の効果がみられ，最初のリスト項目に対する反応が最も速く正確であるという初頭効果がみられた。このような初頭効果は，時間的"遠さ"（remoteness）の感覚に対するセンシティビティ（敏感さ）を反映しているのであろうか。それとも"最初（first）"という時間タグの利用の反映であろうか。時間的なリスト弁別課題を用いた先行研究（Hintzman, 1973）で，誤ったリスト帰属を行った場合でさえ，リスト内の位置（前半・後半）の弁別が正しい傾向がみられること，また，保持時間が長くなると新近性効果は減少するが，初頭効果やリスト内位置は影響を受けないことが示されている。したがって，時間的判断における初頭効果が，強い"遠さ感"の反映ではなく，"最初感"あるいは"最初"という時間的タグ想起の反映であると考えるのが妥当である。日常生活における連続的な時間の中での記憶プロセスとは異なり，実験室実験では，開始と終了という明確な時間タグが存在するため，このような強い初頭効果がみられるのであろう。この点においては，"最初"タグの利用ができない連続判断パラダイムの方が，より日常記憶における時間判断の状況に近似しているといえる。若年者においては，判断時間を短く制限された場合でさえ，決定的な位置情報が存在する場合には，それを利用して時間判断の正確性を高めることができるようである。一方，高齢者群においては，リスト1の正帰属率が高いという結果は得られず，判断時間に余裕がある場合でさえ，位置情報の利用が困難であるといえる。このことは，加齢によって位置ベースのプロセスが低下し，相対的に距離ベースの判断が行われやすくなることを示した研究（Bastin et al., 2004）とも一貫する。

なお，リスト弁別の正答率は，3項目再生率とは相関がみられなかった。この3項目再生課題は，Brown-Petersonパラダイム（Brown, 1958; Peterson & Peterson, 1959）と呼ばれるワーキングメモリ課題の手続きと類似しており，3

項目再生にはワーキングメモリが関わっている。したがって，経過時間判断に関わる想起プロセスに対しては，ワーキングメモリの容量は影響しないことが示唆された。時間に関連する記憶プロセスのうち，時間的順序や系列情報の符号化や再構成などにおいてはワーキングメモリが重要な役割を担っていること（Marshuetz et al., 2000; Stone et al., 1998）を踏まえると，距離ベースの時間判断が，時間的順序などの位置ベースの時間判断とは質的に異なるプロセスであることを支持する結果といえる。

　本実験の第2の目的は，実験4と同様に，時間的リスト弁別において頻度の効果がみられるかどうかを，リスト数を増やし，リスト弁別の前に再認判断を行うという手続きに修正した上で再度検討することであった。本実験では，刺激呈示頻度を1〜5回で操作したが，客観的正確さ（リスト正帰属率）および主観的感覚（リスト帰属位置平均）の両観点においてリスト弁別パフォーマンスに頻度の効果はみられなかった。この結果は，頻度が高い方（3回）が低い場合（1回）よりも最近のリストへの帰属率が有意に高い（すなわち主観的な時間的近さの感覚が強まる）ことを示した実験4の結果と異なる。本実験では，各頻度の項目数にばらつきがあり，最高頻度の5回呈示項目においては各リストで1項目ずつしかなかったため，より多くの項目を用いて平均化した場合には頻度の効果がみられる可能性もある。あるいは，意識的に頻度を評定させたことによって，頻度による記憶強度の差異についての自動的処理が相対的に弱められた可能性も考えられる。2項目の時間的順序を比較するという相対的時間順序（recency）判断課題を用いて，イベント頻度が時間的距離感を強めることを示した研究もあり（Flexser & Bower, 1974），実験手続きを変えて，経過時間判断における頻度の効果を再検討する必要がある。一方，客観的正確さにおいても頻度による効果がみられなかったという結果は，接触頻度が高く，項目自体の再認記憶が強化された場合でさえ，時間についての記憶の正確さは「高まらない」ということを示している。ところが，若年者群におけるリスト帰属RTが最高頻度の5回呈示項目に対しては他の頻度項目よりも有意に短かったが，これは，記憶強度の高い項目，すなわち再認判断で既知感の強い項目は，その正誤にかかわらずリスト帰属が容易に（安易に）行われる可能性を示している。

　頻度判断に関しては，若年者と高齢者の両群で同一の手続きで実施したため

直接比較が可能である。高齢者は若年者よりも絶対的な頻度判断が不正確であったが，実際の頻度と判断された頻度の相関については，若年者との差は有意ではなく傾向にとどまった。つまり，高齢者は，絶対的な頻度を同定する能力は低下しているが，相対的な頻度の量に対するセンシティビティは保たれているといえる。これらの結果は，同一項目の反復呈示によって，単一の記憶痕跡の強度が累積的に強められるだけでなく，個々の呈示に対応する複数の痕跡も生じるという多次元痕跡仮説（Hintzman, 1988; Hintzman & Block, 1971）と一貫する。すなわち，高齢者では，個々の呈示に固有のエピソードの意識的想起が低下しているため，絶対的な頻度判断が不正確になるが，記憶強度に基づいた自動的な頻度判断は保たれていることが示唆される。このことは，実験4のリスト弁別パフォーマンスにおいて，高齢者群でも若年者群と同様に呈示頻度の効果がみられたという結果とも一貫する。加齢によって，個々の記憶痕跡を同定する意識的想起は低下するが，記憶痕跡の強度に基づいた自動的な処理は保たれているため，経過時間判断など，直接的な頻度判断以外のパフォーマンスにおいて頻度の無意識的な影響がみられたと考えられる。

　また，1項目あたりの頻度判断ズレ量については，両群ともにリニアな頻度の効果がみられ，頻度が高くなるほど判断のズレが大きく，とりわけ頻度が1回の項目においては，ほとんどズレが生じなかった。2回以上の頻度間の頻度弁別と比べて，1回か0回かの頻度弁別が容易であることは，頻度判断と再認判断の難易度の違いからも自明である。再認判断の場合は，親近性ベースのプロセスによってもある程度正確に判断できるのに対し，頻度判断の場合は，より意識的な想起を必要とするからである。さらに，1回か2回以上かの頻度弁別も，2回以上の頻度間の弁別よりも容易であろう。なぜなら，同一項目の2回目の呈示時には，1回目の呈示を自動的に（偶発学習の場合）あるいは意図的に想起するという学習時想起（study-phase retrieval）が行われると考えられるからである（Hintzman, Summers, & Block, 1975）。本実験のように頻度判断を行うことをあらかじめ教示されている場合は特に，学習フェイズで2回目以上の呈示時に，それ以前の同一項目の呈示を意識的に想起していた可能性が高い。その場合，頻度が1回か2回目以上かの弁別は，そのような「学習時想起を行った経験」の有無という情報に基づいて判断することが可能であり，再認判断の一

種ともいえるプロセスである。したがって，頻度が1回の項目の場合は，「0回でも2回以上でもない」という判断で正解を導くことが可能である。一方，2回目以上の項目では，多次元痕跡仮説に基づくと，個々の呈示の記憶痕跡を意識的に想起できた数で判断されると考えられる。したがって，このような頻度判断の正確さと，時間的リスト弁別の正確さのとの間に正の相関がみられたという本実験結果から，時間的に分離された同一項目の反復呈示の頻度を同定する想起プロセスと，各項目呈示からの経過時間の判断に関わる想起プロセスは，少なくとも一部は基盤が共通していることが示唆される。

2-3-3　実験6　経過時間判断における接触頻度の効果（2）：ラグ数判断

　リスト弁別パラダイムを用いた実験5では，頻度判断と時間的リスト帰属の正確さに相関があることが示されたが，時間的近さの主観的感覚および客観的正確さの両指標において頻度の影響はみられなかった。これは，意識的な頻度についての判断を行わせたことや，各頻度の項目数にかなりばらつきがあったことなどが原因である可能性がある。また，リスト弁別パラダイムでは，初頭効果に反映される強い位置情報の手がかり（時間タグ）があるために，距離ベースのプロセスに重要な要因の効果が現れにくくなっている可能性がある。そこで本実験では，これらの問題点を考慮し，再び連続ラグ数判断パラダイムを用いることによって，経過時間判断における接触頻度の効果を再検討することを目的とする。

　具体的には，複数回にわたって反復される同一刺激に対して，常にその直前の呈示からのラグを判断するという課題において，反復回数が多くなるほど，より時間的に近く感じられる（ラグが短く判断される）のか遠く感じられる（ラグが長く判断される）のか，あるいは頻度による影響はないのかということを検討する。頻度の影響がみられた場合に予測される結果のパターンのひとつは，頻度が高くなるほどよりラグを長く（昔に）判断するというエラー（バイアス）が増加するという結果である。たとえば，反復回数が2回目（3回目の呈示）の場合は，ラグ数判断の際に，直前の呈示（2回目の呈示）を想起すべきところを，誤って，そのもっと前の呈示（1回目の呈示）を想起してしまい，それと現在の項目とのラグを答えてしまうという可能性がある。したがって，頻度が高くなる

ほどラグを長く判断してしまうというバイアスが生じる可能性がある。このようなバイアスの基盤は，意識的想起（あるいはソースモニタリング）のエラーということができる。これに対して，逆方向のバイアス，すなわち，頻度が高くなるほど，ラグ数が短く判断されるという結果が得られた場合は，頻度が高くなることによって主観的な時間的距離感が強まることを示していると考えられる。特に，位置情報の利用が困難な状況では，前者の意識的想起のエラーによるバイアスよりも，後者のバイアスが生じると予測される。

また，客観的正確さの観点では，リスト弁別パラダイムを用いた実験4・5と異なり，連続ラグ数判断パラダイムでは頻度が高まっても正確さが高まることはないと予測できる。なぜなら，実験4・5では，同一リスト内での反復呈示を行うことによって，その項目と同定すべきリストとの連合が強められ，それによってリスト帰属の正確さが高まる可能性があったが，連続ラグ数判断パラダイムでは，同一刺激の反復がひとつの時間的位置を形成するのではなく，個々の反復呈示が個別の経過時間を有することになるため，反復によって時間判断が正確になることは予測されない。逆に，前述したように，反復を複数回行うと，直前の呈示よりも前の呈示を誤って想起してしまうエラーが生じる可能性があり，頻度が高まるほどその可能性が高まるため，むしろ正確さは低下すると予測される。つまり，本実験では，これまでの実験と異なり，正確さ仮説と活性化仮説を比較するのではなく，頻度の効果が活性化仮説を支持する結果になるか否かを検討する。なお，本実験課題は難易度の高い課題となるため，若年者のみを対象とする。

方　法

実験参加者　若年者27名（男性11名，女性16名；平均年齢22.5±2.3歳）が本実験に参加した。

材　料　実験5と同様，物体のカラー写真59枚を用いた。59枚の写真のうち，1回しか呈示されない写真が36枚，7回以上呈示される写真（ターゲット写真）が18枚，2〜3回呈示される写真が5枚あり，延べ180枚の写真リストを作成した。ターゲット写真の呈示の間隔（ラグ）は，5，10，15の3種類あり，ラグの順序はカウンターバランスをとった。1〜3回しか呈示されない写

真と，ターゲット写真の7～8回目の呈示は，ターゲット写真のラグを調整するために用い（調整用項目），そのラグは3～50であった。

手続き 個別実験で，各参加者はノートパソコンの前に着席した。パソコン画面上に，述べ180枚の写真を1枚ずつ2秒間呈示した。各写真の呈示間隔は2.5秒であり，その間「＋」が2秒，ブランク画面が0.5秒呈示された。参加者の課題は，呈示される各写真が，初めて呈示されるものか，2回目以上かということを判断し，2回目以上であれば，前回の呈示から何枚の写真を隔てて呈示されたかというラグ数を判断することであった。回答は，口頭で，初めてだと思ったら「初」，2回目以上の場合は「ラグ数」で答えた。ラグ数は，5，10，15，……という5の倍数（最大値制限なし）で答えるよう教示された。参加者の口頭反応を実験者が記録した。

結　果

まず，初頭効果を排除するため，あらかじめリストの最初の方の項目に対する反応を分析対象から除外した。本実験のような連続ラグ数判断パラダイムでは，最初の方の試行は後の方の試行に比べて，実際より長く判断してしまうエラーが少ないことが予測される。たとえば，約20試行あたりで反復される項目に対して，ラグを50と判断するエラーは生じにくいが，約100試行目あたりで反復された項目に対しては，そのラグを50と判断する可能性は十分にある。したがって，最初の方の試行では，頻度の効果とは独立に，実際よりもラグを短く判断してしまうという方向へエラーが偏る可能性がある。そこで，ターゲット写真のうち，最初の反復（すなわち2回目の呈示）が45試行目までに含まれる写真（6枚分）は，以下の分析の対象から除外し，残りの30枚のターゲット写真について以下の分析を行った。なお，分析対象項目において，反復項目として再認できなかったのは，1名の参加者における1項目のみであり，実験終了後の内観報告でも確認できたように，1回目の呈示か2回目以上かという再認判断は容易に行われていた。

各ラグ数におけるラグ数判断結果を，反復回数別に表2-24に示す。判断結果の指標には，「判断されたラグ数の平均／実ラグ数」の値（以下，ラグ数判断伸縮率）を用いた。この値が1に近いほど正確であり，数値が大きいほどラグ

数をより多く（経過時間をより長く）判断したことを示している。この値について，ラグ3（5, 10, 15）×反復回数6（1～6）の2要因の分散分析を行った。その結果，両主効果および交互作用が有意であった（ラグ$F(2, 52) = 138.08, p < .001$；反復回数$F(5, 130) = 2.48, p < .05$；交互作用$F(10, 260) = 6.83, p < .001$）。ラグの主効果について，Ryan法を用いた多重比較により，すべてのラグ間において有意差がみられた（$p < .05$）。しかし，反復回数の主効果についての多重比較では，5%水準で有意な差はどこにもみられなかった。交互作用については，単純主効果の検定により，すべての反復回数においてラグの効果が有意であり（$p < .001$），かつ，すべてのラグにおいて反復回数の効果が有意であった（$p < .05$）。さらに，ラグの効果についての多重比較の結果，反復回数が5回および6回の場合のラグ10とラグ15間を除くすべての差が有意であった（$p < .05$）。また，反復回数の効果についての多重比較では，ラグ5においては，1回と4・6回，3回と2・4・6回，および5回と6回の間の差が，ラグ10においては4回と1・6回の間の差が，ラグ15においては1回と2・5・6回の差が有意であった（$p < .05$）。

　ターゲット写真（ラグ5, 10, 15）に対するラグ数判断伸縮率においては反復回数の明確な効果はみられず，反復回数の増加に伴う一定方向へのラグ数判断のエラーはみられなかった。その原因として，ラグ数が15程度までの比較的少ない場合は，ラグを少なく判断するエラーが出にくいという可能性が考えられる。そこで，ターゲット項目以外の数少ない調整用項目のうち，ラグが15より長い項目の分析を試みた。ラグ数が20で反復回数1回と7回，およびラグが45で反復回数が1回，7回，8回の項目のラグ数判断伸縮率を算出した（表2-25）。なお，この分析では，これらの5つの項目すべてを旧項目として再認で

表2-24　各反復回数における各ラグのラグ数判断伸縮率

	repetition										
	1		2		3		4		5		6	
	M	SD	M	SD	M	SD	M	SD	M	SD	M	SD
lag 5	1.81	.54	1.63	.42	1.87	.48	1.57	.46	1.75	.45	1.50	.42
lag 10	1.15	.33	1.23	.23	1.25	.34	1.40	.33	1.27	.35	1.19	.25
lag 15	.87	.19	1.08	.24	1.03	.17	1.02	.22	1.13	.24	1.10	.21
total	1.28	.31	1.31	.24	1.38	.27	1.33	.26	1.38	.30	1.26	.25

表 2-25　ラグ 20 とラグ 45 におけるラグ数判断伸縮率 (n=25)

	repetition					
	1		7		8	
	M	SD	M	SD	M	SD
lag 20	.82	.27	.80	.34	—	—
lag 45	.81	.32	.67	.24	.63	.24

きなかった参加者 2 名を分析対象から除外した。これらの項目は，各参加者につき，1 反応ずつのみであり，同一項目ではなかった。

　ラグ 20 におけるラグ数判断伸縮率は，反復回数が 1 回と 7 回で有意な差がみられなかったが ($t(24)=0.28, p>.10$)，ラグ 45 のラグ数判断伸縮率について 1 要因の分散分析を行った結果，有意な反復回数の効果がみられ ($F(2, 48)=4.71, p<.05$)，反復回数が 1 回の項目よりも 7・8 回の項目の方が，判断されたラグ数が有意に少なかった ($p<.05$)。これらの 5 つの調整用項目はすべて，149 試行以降に呈示された最後の方の項目であったため，相対的に，実際のラグ数よりも長く判断するエラーが出る可能性は十分にある項目であった。しかし，どの項目に対しても判断された平均ラグ数は実際のラグ数よりも少なく，さらに，ラグ 45 の項目では，反復回数が 1 回の場合よりも，7～8 回の場合の方が有意に少なく判断された。

考　察

　本実験の目的は，連続ラグ数判断パラダイムを用いて，経過時間判断における累積的な接触頻度の効果，特に，呈示頻度が高くなるほどラグが短く判断されるかどうかを調べることであった。しかし，あらかじめ分析対象として設定したラグ 5, 10, 15 の項目（ターゲット写真）においては，有意な頻度の効果を検出することができなかった。これらの項目に関する分散分析の結果からは，ラグが短いほど，実際のラグよりも長くラグを判断してしまうエラーが多いことが示された。本実験では，ラグ数判断の回答方法を 5 の倍数とし，回答可能な最小ラグ数が 5 であったため，これは当然の結果といえる。つまり，ラグ 5 の項目に対しては，実際以上に長く判断してしまうエラーは生じても，実際以上

に短いラグを答えることはできなかったため，ラグ数判断伸縮率の算出において，値が1を下回ることはありえない。一方，実際よりも長く，ラグが10以上であると回答してしまうエラーは十分生じる可能性があり，頻度の増加に伴ってそのエラーの量が増加するという可能性は十分ありえた。にもかかわらず，ラグと反復回数の交互作用の下位検定の結果，反復回数による差はみられたものの，頻度の増加に伴って判断されるラグ数が増加するという一定の傾向はみられなかった。ラグ10と15においても同様に，反復回数の違いによるラグ数判断の差が一部みられたが，頻度の増加に伴う一定した傾向はみられなかった上に，全ラグを総合した場合は，反復回数による有意な差はまったくみられなかった。

　このように，おもな分析対象としてあらかじめ設定していたターゲット項目，すなわちラグ5，10，15の項目に対する反応では，期待された頻度の効果がみられなかった。これは，ターゲットとしたラグが比較的短かったことが原因と考えられる。そこで，本来は，ターゲット項目のラグを調整するために挿入していた非ターゲット項目（調整用項目）のうち，ラグが15より長い項目（ラグ20と45）に対する反応を分析対象とした結果，ラグが45と長い場合は，反復回数が1回の場合よりも7～8回の場合の方が，ラグがより短く判断されるという有意な頻度の効果がみられた。この結果から，比較的長いラグでは，頻度の高まりによって，経過時間が短く感じられる可能性が示唆される。活性化仮説と正確さ仮説の違いが，相対的に長いラグにおいて対照的であるという点を考えても，この結果は，学習頻度の要因が活性化仮説のパターンを導く可能性を示している。ターゲット項目に対する分析において頻度の効果がみられなかったのは，ラグが20程度までの短い場合は，実際より短くラグを判断してしまうエラーが出にくく，比較的正確にラグ数を判断できたことが原因と考えられる。したがって，それよりも長いラグの項目をターゲットにした課題を作成する必要がある。しかし，本実験パラダイムにおいて，長いラグの項目を多数含むように設定すると，時間的に非常に長い課題になり，途中で休憩を挟むことができない連続判断パラダイムであるため，参加者にかなりの負荷がかかる課題になってしまう。今後はこの点を考慮して，経過時間判断に対する頻度の効果を調べるための新たな実験パラダイムの考案が必要であろう。

また，客観的正確さの観点では，複数回反復した場合，直前の呈示ではない2つ以上前の呈示を誤って想起してしまうというソースモニタリング・エラーが生じる可能性があり，反復回数が増えるほどそのエラーの可能性が高まることが予想されるため，反復とともに正確さが低下する可能性があった。しかし，本実験では，ラグが短い場合（ラグ20以下）は反復回数によって正確さに有意な差はなかった。さらに，長いラグ（ラグ45）においては，ソースモニタリング・エラーの方向とは逆の方向のエラーによって，反復回数の増加による正確さの低下がみられた。つまり，直前の呈示ではない2つ以上前の呈示を誤って想起してしまうというソースモニタリング・エラーが生じた場合は，実際のラグよりも長くラグを判断してしまうという方向へのエラーを導くはずであるが，実験の結果，反復を重ねても，その方向へのエラーが増えるという傾向はみられず，逆に，長いラグではより短く判断されるというエラーの量が有意に増えた。この結果は，頻度の増加に伴って，主観的には，実際の経過時間よりも短く感じられることを示唆している。

　経過時間判断における学習頻度の効果を検討した3つの実験（実験4～6）から，総合的に活性化仮説を支持する結果が得られた。学習頻度の増加に伴って，その項目に対する処理の流暢性や想起の容易性が高まると考えられるが，距離ベースの時間判断は，このような処理の流暢性などの情報に基づいて判断されていることが示唆された。また，若年者と高齢者の比較により（実験4・5），加齢によって，学習頻度についての意識的な想起（頻度判断の正確さ）は低下するが，若年者と同様に，他の判断（経過時間判断）における無意識的な頻度の影響が示され，反復情報についての自動的な処理が保たれていることが示唆された。

第3章

総合考察

本研究では，経過時間の判断における距離ベースの判断プロセス，すなわち経過時間に対する主観的感覚に影響する要因の検討を行った。位置ベースの判断と距離ベースの判断が両方使用可能な状況においては，人はより正確に判断するために，位置ベースのプロセスに依存して判断を行う傾向がある。したがって，距離ベースのメカニズムに焦点を当てるためには，位置ベースのプロセスの利用が困難な状況を作ることが必要であった。本研究では，全実験を通して，位置ベースのプロセスの利用を最小限にする工夫をした実験パラダイムを用いて，経過時間判断に影響する要因を検討した。本研究の目的は，実際の経過時間（客観的正確さ）とは独立に，経過時間判断に一定のバイアスを生じる要因を検討すること，言いかえると，活性化仮説（図1-1）を支持する要因の同定を試みることであった。実験1～3では，イベントの生起時（学習時）と現在（想起時）の文脈の一致・不一致という要因について，実験4～6では，イベントの生起頻度の要因について検討した。両要因の検討にあたって，連続判断パラダイムとリスト弁別パラダイムを用いることによって，各々のパラダイムの短所を補った。その結果，両要因において，正確さ仮説ではなく，活性化仮説を支持する結果が得られ，文脈と頻度の要因が，経過時間に対する主観的感覚に影響することが示された。すなわち，文脈の一致や生起頻度の高まりによって，経過時間判断の正確さが高まるのではなく，より主観的感覚が強くなる（より最近に感じられる）ということが示された。これらの結果について，再認判断の主観的感覚（既知感）との関係も踏まえて，処理の流暢性の観点から総合的に考察する。

3-1 時間判断と再認判断における2つのプロセスの関係

第1章で述べたように，時間判断における位置ベースと距離ベースの2つのプロセスは，それぞれ，再認判断における意識的想起と親近性判断に対応しており，各々のプロセスの共通性が高いと考えられる。本章では，位置ベースのプロセスと意識的想起，および距離ベースのプロセスと親近性判断とは，それぞれどのような共通性があるのか，本質的な違いはあるのかを考察する。前者に関しては，次節で論じ，本節では後者の関係について論じる。

3-1 時間判断と再認判断における2つのプロセスの関係

　距離ベースの時間判断プロセスと親近性判断プロセスの関係性のひとつの可能性として，判断を求められているイベントそのものに対して強い親近性が感じられる場合は，その時間的距離感も強いという相関関係が想定できる。つまり，既知感と時間的距離感は同一の認知的基盤によって生じるという可能性である。親近性（既知感）に基づいた再認判断の基盤として，"処理の流暢性" あるいは "想起のしやすさ" が指摘されているが（Whittlesea, 1993），距離ベースの時間判断も同様に，これらの感覚に基づいて行われていると考えられる。一般的に，一度呈示されたことのある項目，あるいは，比較的最近に呈示された項目を呈示された場合は，そうでない項目を呈示された場合よりも，その項目に対する処理はすばやく "流暢に" 行われ，その項目に関する情報を容易に "想起しやすい" と考えられる。したがって，そのような処理の流暢性や想起のしやすさの感覚に基づいて，時間判断や再認判断を行うことは理にかなっている。しかし，処理の流暢性や想起のしやすさは，呈示の有無や経過時間以外の要因（判断時の項目の呈示方法など）によっても影響を受けるため，そのことに気付き，その影響を差し引いて判断しない限り，判断はその要因にも左右される。処理の流暢性は，再認判断だけでなく，好き嫌い判断（Bornstein & D'Agostino, 1992）や有名人／非有名人判断（Masson, Carroll, & Micco, 1995），知覚的明瞭性判断（Whittlesea, Jacoby, & Girard, 1990），確信度判断（Kelley & Lindsay, 1993）など，さまざまな判断に無意識的に影響することが先行研究で示されているが，本研究においては，距離ベースの経過時間判断もそのひとつであることが示された。ただし，本研究では，数秒から数分範囲の時間スケールしか扱っていないため，このようなメカニズムが，数日，数年といったより長いスケールの時間判断についても適用できるかどうかは定かでない。特に，文脈効果などは，非常に微細な効果であるため，長い時間スケールの時間判断での再現はかなり困難であることが予測される。長い時間スケールの場合，文脈の一致・不一致による処理の流暢性の差は，実際の時間経過に伴う流暢性の差と比較して，かなり小さな差であることが予測されるため，実験的にその微細な効果を検出するのは困難であろう。したがって，短い時間スケールの場合と同じ要因を長い時間スケールで検討する場合は，新たな実験パラダイムを用いる必要がある。

　一方，既知感が強い場合は常に時間的距離感も強く（最近に）感じられるとは

限らず，既知感は強いが時間的距離感が弱く（昔に）感じられるという可能性も想定できる。しかし，自動的に生じる強い既知感を抑えて昔のことであると判断する，あるいは逆に，既知感が弱いにも関わらず最近のことであると判断するためには，位置ベースのプロセスによる関連情報の意識的な想起が必要であると考えられる。本研究で，若年者と高齢者を比較した実験では，たとえば，経過時間（ラグ）が最も短く，若年者であればそのラグ数を意識的に想起できるような状況，すなわち位置ベースのプロセスの利用も可能な状況では，文脈一致の効果がみられないが，若年者でも時間情報に関する意識的想起が困難な場合は，高齢者と同様の反応パターンになっていた（実験1）。また，リスト弁別課題における1番目のリストの最初の項目に対しては，若年者では，"最初"という時間タグを意識的に想起することによって，後の方のリスト位置の項目と比べてリスト帰属エラーを少なくすることができており，文脈の一致や頻度の効果がみられなかったが，時間情報についての意識的想起が困難な後の方の項目に対する反応パターンは若年者も高齢者と同様であった（実験3・4）。したがって，本研究結果からは，時間距離感（recency/remoteness）は，イベントそのものに対する親近性の強さ・有無（familiarity/novelty）と同一のメカニズムから派生した感覚であり，距離ベースの時間判断のプロセスは，再認判断における親近性判断プロセスと共通の基盤を有していることが示唆される。そして，これらの直感的な感覚に基づく判断エラー（バイアス）を減少させるためには，位置ベースのプロセスや意識的想起が必要になると考えられる。

3-2　時間的文脈想起の特異性：時間情報と非時間情報の意識的想起

　本研究では，距離ベースのプロセスに焦点をあてたため，位置ベースのプロセスに関する実験的検討は行っていないが，時間記憶の本質を総合的に考察するため，先行研究を踏まえつつ，意識的想起における時間的文脈想起の特異性について考察する。位置ベースの時間判断プロセスには，あるイベントが生起した時間（時刻）や，記憶されている情報を入手した時期を想起するにあたって，その時間の同定に有用であると思われるさまざまな関連情報を想起するというソースモニタリングのプロセスが含まれる。ソースモニタリングは，このよう

な時間情報の詳細（時間的文脈記憶）を想起する場合だけではなく，イベントが生起した場所や情報を入手した場所についての詳細（空間的文脈記憶）を想起する場合など，イベントにまつわるさまざまなソース記憶（source memory）を想起する際にも行われる。そこで，時間記憶のメカニズムの解明においては，時間的文脈の想起が，時間情報以外のソース記憶の想起と質的に同じなのか異なるのかということを検討することが重要である。

　第1章でもふれたように，時間的文脈の想起とそれ以外の文脈想起を比較した脳機能画像研究において，近年，時間的文脈記憶の想起に特異的な脳活動が報告されている（Fujii et al., 2004; Nyberg et al., 1996）。一般的に，文脈の意識的想起の主要な神経基盤は前頭葉であることが多くの研究で示されているが（e.g., Henkel, Johnson, & De Leonardis, 1998），想起する文脈のタイプによって関与している前頭葉の部位が異なるのかどうかについてはまだ不明な点が多い。あらゆる種類の文脈情報に共通した想起プロセスもあるが，とりわけ，時間的文脈についての想起が特異的な認知基盤をもつ可能性は低くないであろう。なぜなら，記憶されているある情報を「どこで」入手したかや，「誰から」入手したかなど，時間以外のソース情報については，「場所」や「人物」という確たる想起対象が存在するのに対し，「いつ」その情報を入手したかという「時間（時刻）」に関しては，明確な想起対象が存在せず，場所や人物も含めたその他のさまざまな情報から時間を同定しうる要素を抽出することによって想起（判断）が可能となる。つまり，時間的文脈はイベントのひとつの属性ではなく，その他の文脈情報やイベントの内容そのものを基盤に再構成されるものと考えられる。Friedman（1993）も，時間とは想起されるものではなく，再構成されるものであると述べている。また，学習時の文脈を正しく意識的に想起できた場合でさえ，高齢者は若年者より時間判断が不正確であり，加齢によって時間的文脈を再構成する際のストラテジックな推論過程が影響を受けることを示した研究もあり（Bastin et al., 2005），想起対象の明確な文脈の意識的想起とは異なる時間的文脈に固有の想起プロセスというものを想定することは妥当であろう。このような時間的文脈想起の特異性については，時間記憶研究における今後の重要なテーマのひとつといえる。

3-3 経過時間判断における文脈効果

　本研究では，単語を刺激に用いた実験で，文脈を表記法（字体と色）で操作し，経過時間判断における文脈の効果を検討した。文脈とは，課題遂行のために直接的には必要とされない周辺情報のことであり，本研究では，単語（の意味）をターゲットとする課題において，単語の表記法を文脈とした。単語の場合，同じ単語であれば，手書きであろうが，ワープロで書いたものであろうが，また，どんな字体や色で書かれてあろうが，指し示している内容（言葉の意味）は同一である。一般的に，人々は，異なる表記による単語を見ても，そこから同じ意味を抽出して理解する（という習慣が身についている）。言いかえると，人が文字によって情報を受け取る際に，その文字の表記法にまで意識的に注意を払うことは少ない。しかし，そのような文脈的（周辺的）な情報も無意識的に処理され，記憶に取り込まれていることが先行研究で示されてきた。たとえば，再認記憶課題を用いた研究では，学習時と再認テスト時の単語の表記法を変えた場合は，同一の場合よりも正再認率が低くなることが報告されている（Diana, Peterson, & Reder, 2004; Reder, Donavos, & Erickson, 2002）。重要なことは，参加者に対する教示において，単語の意味に基づいて判断し，意図的に字体を無視するよう強調した場合でさえ，このような字体一致効果が生じるということである。つまり，参加者は，意識的には字体のような文脈情報を覚えようと努力していないにもかかわらず，文脈情報も自動的に処理され，判断に影響を与えているということである。連続再認判断課題を用いた本研究の実験2においても同様に，正再認率に字体一致効果がみられた。また，字体による文脈の操作だけでなく，単語の聴覚呈示を用いた研究では，学習時と再認テスト時の刺激呈示の声（男声／女声など）の一致・不一致が操作され，正再認率における文脈一致効果が示されている（Palmeri, Goldinger, & Pisoni, 1993; Sheffert, 1998; Sheffert & Fowler, 1995）。

　このような再認判断における文脈一致効果が反映している記憶プロセスについての説明は，再認記憶の2重プロセス・モデルに対応させて，意識的想起説と処理の流暢性説の2つに大きく分けられる。意識的想起説は，再認判断時に，項目そのもの（単語の意味的情報）だけでなく文脈情報（字体や声など）も意識的に想起しているという考えである。しかし，一般的に，加齢によって意識的想

起が顕著に低下することが示されているが（Yonelinas, 2002），本研究では，高齢者においても若年者と同様に，あるいは若年者以上に強い文脈一致効果が示されたため（実験2），この効果が意識的想起の反映であるという説とは矛盾する。本研究結果は，文脈一致効果を自動的な処理，すなわち，親近性に基づく判断の反映であることを主張する処理の流暢性説と一貫する。再認テスト項目の呈示の文脈が，学習時の文脈と一致しているほど，その学習項目の記憶痕跡が強く活性化され，流暢にすばやく処理されると考えられる。

　本研究では，経過時間判断（実験1・3）と再認判断（実験2）の両方において，同一の文脈要因（単語の表記法）の効果を検討し，同様の効果がみられたことから，処理の流暢性が両判断の共通の基盤のひとつであることが示唆された。なお，経過時間判断は，再認記憶を前提とした判断であり，判断時に旧項目であると認識されたものに対してのみ，経過時間についての判断が行われるため，経過時間判断における文脈効果は，再認判断における文脈効果を反映しているだけであるという可能性もある。しかし，本研究の実験3では，旧項目だけを呈示することをあらかじめ教示し，再認判断を行う必要がない状況でも文脈効果がみられたため，再認判断だけでなく経過時間判断にも処理の流暢性が関与していると考えられる。なお，第1章でも述べたように，単に，時間判断の方が再認判断よりも精度が高く難易度が高いだけ，すなわち，両判断の基盤——記憶痕跡の活性化の強度——は同一であり，弁別を求められる強度の差が再認判断よりも時間判断の方が小さいという可能性もある。両判断が同一要因による同一の効果を受けたという本研究結果は，この見解と矛盾しない。

　また，数ミリ秒スケールの時間知覚（time perception）に関する研究では，1つ目の刺激呈示終了後から2つ目の刺激呈示開始までの間の時間間隔（刺激間間隔）の長さについての判断において，1つ目の刺激と2つ目の刺激が同一の場合と比較して，異なる場合の方が，より長く判断されることが報告されている。この結果の理由として，1つ目の刺激と2つ目の刺激が異なる場合，人は刺激が"変化した"と感じ，「変化するためにはある程度の時間経過が必要である」という信念に基づくトップダウン的な認知処理によるという説明がなされている（小野，2006）。この原理を数分スケールの経過時間を扱った本研究結果に適用することは可能であろうか。「学習時と再認テスト時の字体が異なる

単語，すなわち字体が"変化した"単語が，変化しなかった単語に比べて，その呈示の間隔（ラグ）が長く判断されたのは，変化には時間がかかるというトップダウン的な認知処理が介在しているからだ」という説明は，おそらく妥当ではない。数ミリ秒程度の時間間隔の場合は，2つ目の刺激を知覚した時に，1つ目の刺激の形状を思い出せないといったようなことは起こらず，"記憶"の要素がほとんど入らないため，確実に"変化"を知覚できるが，本研究のような数秒から数分以上の時間間隔の場合は，旧項目を再認できない場合も実際あったように，1回目に呈示された字体を意識的に想起することはかなり困難であると考えられる。1回目に呈示された字体を想起できなければ，"変化を感じる"ことはできないし，特に高齢者においては，1回目に呈示された字体を意識的に想起して"変化に気づく"ことはほとんど不可能であったと考えられる。したがって，このような変化の知覚という説明は，高齢者でも字体一致効果がみられたという本研究の結果にはあてはまらないと考えられる。

3-4 経過時間判断と学習頻度

　処理の流暢性に影響するもうひとつの要因として，本研究では学習（接触）頻度を検討した。接触頻度が高くなるほど，そのイベントや項目の記憶痕跡が強められ，再認処理は流暢にすばやく行われるようになるため（反復プライミング），経過時間判断が処理の流暢性に基づいているならば，接触頻度の影響を受けることが予測される。しかし一方で，JOR はほとんど反復の影響を受けないことも報告されている (Hintzman, 2002)。また，接触頻度の影響がみられた場合でも，必ずしも活性化仮説パターンになるとは限らず，頻度が高いほど，時間同定がより正確になるという正確さ仮説パターンの効果がみられる可能性も考えられた。リスト弁別パラダイムを用いた本研究の実験4では，古いリストの項目と新しい（最近の）リストの項目の両方において，接触頻度が高い方が，より最近のリストの項目であると判断（より経過時間を短く判断）される率が高いという活性化仮説を支持する結果が得られた。つまり，2つのリストが，時間的に区別されているだけで他の条件がすべて等しい（ランドマークがほとんど存在しない）状況では，同一リスト内の反復によって項目自体の記憶痕跡が強まっても，リ

スト同定の正確さは高まらないという結果である。また，"最初（リスト開始）"といった時間的ランドマークが存在しない連続ラグ数判断パラダイムを用いて，経過時間判断における頻度の効果を再検討したところ（実験6），相対的に長いラグ（ラグ45）では，頻度の高い項目（7～8回目の反復）の方が，頻度の低い項目（1回目の反復）よりもラグが短く判断されるという結果が得られ，同様に活性化仮説パターンが示された。このように位置ベースの判断が利用できず，距離ベースのプロセスに依存した判断では，処理の流暢性に基づいた判断になることが示された。

　なお，頻度に関する記憶表象についての理論には，大きく分けて，累積強度仮説と多次元痕跡仮説の2つがある。累積強度仮説は，同一刺激の反復によって単一の記憶痕跡強度が累積的に増加するという説であり，一方，多次元痕跡仮説は，時間的に分離された複数の痕跡が形成されるという説である。両仮説を比較した研究では，反復呈示によって形成された各々の痕跡は，その時間タグによって区別できるという多次元痕跡仮説を支持する結果が得られている（Hintzman, 1988；Hintzman & Block, 1971）。時間的に分離された同一項目の各々の反復を同定することができ，同一項目が反復された頻度を（正確に）推定することが可能であれば，その推定能力と，各々の呈示からの経過時間を推定する能力との間に相関がある可能性がある。つまり，頻度判断のプロセスと経過時間判断のプロセスに関連性があることが予測される。本研究の実験5では，同一課題において，頻度判断の正確さと経過時間判断の正確さを直接比較したところ，頻度判断が正確である人ほど，経過時間判断も正確であるという結果が得られ，両判断プロセスの関連性が示された。この結果から，頻度判断が正確である人は，処理の流暢性に基づいて経過時間についての判断を行う際に，呈示頻度の高さによる処理の流暢性の高まりを，呈示の時間的近さによる処理の流暢性の高まりから差し引いて判断することができていたという可能性が考えられる。そして，各項目に対する経過時間判断に要した時間が1～2秒であったことからも，おそらくこのプロセスはほぼ無意識的に行われていると考えられる。この解釈は，再認判断において，処理の流暢性のソースがプライム呈示に帰属された項目（プライム呈示によって処理の流暢性が高まったと判断された項目）においては，その流暢性は学習経験には帰属されない（その項目はOLD判断され

ない)という結果から，ある特定のソースに帰属された流暢性は，同時には別のソースには帰属されないということを示した研究（Jacoby & Whitehouse, 1989）とも一貫する。すなわち，頻度判断において正しく高頻度と判断した項目に対しては，その項目の流暢性が頻度の高さに帰属され，誤って経過時間の短さに帰属されないため，頻度を正しく判断できる人ほど経過時間も正しく判断できたと考えられる。

　経過時間と頻度に関する判断プロセスの共通性と固有性については，健忘症患者と健常者を比較した神経心理学的研究もある（Huppert & Piercy, 1978）。この研究では，参加者は経過時間（recency）判断および頻度判断を行う 10 分前と 1 日前に，160 枚のさまざまな写真刺激を学習し，1 回呈示される写真と 3 回呈示される写真があった。経過時間判断テストでは，呈示される写真を見たのが今日か昨日かという判断を行い，頻度判断テストでは，呈示回数が 1 回か 3 回かを判断した。その結果，健忘症患者も健常者も，経過時間判断は呈示頻度の影響を受け，頻度判断は呈示の時間（経過時間）の影響を受けていた。健忘症患者の場合は，経過時間判断と頻度判断の両方で，呈示の時間と頻度の影響を同程度に受けており，呈示頻度と呈示時間の効果を弁別できておらず，両判断とも記憶痕跡強度のみに基づいて判断していたことが示唆された。一方，健常者の場合は，経過時間判断と頻度判断の独立性がある程度みられ，痕跡強度だけでなく，呈示の時間や頻度についての固有の情報も利用して判断していたと考えられた。健常者の場合は，健忘症患者とは逆に，痕跡強度が強いほど（すなわち，呈示頻度が高いほど，あるいはより最近に呈示された項目ほど），経過時間判断および頻度判断がより正確であり，各々の判断に固有の情報も利用していたことが示された。この結果は，活性化仮説ではなく，正確さ仮説を支持していることになるが，Huppert らの研究では，テストで判断時間に制限がなく，かつ，経過時間の差において，昨日と今日という時間的差異を用いていたため，ここでの経過時間判断はかなり位置ベースの判断に依存して行われていたと考えられる。昨日と今日とでは，たとえば，学習時に参加者が着ていた服装も違うであろうし，純粋な時間的感覚以外のさまざまな文脈手がかりの想起による時間判断が可能であったと考えられる。したがって，これらの位置情報の利用を排除した条件においては，健常者も健忘症患者と同様に（また本研究と同様に），記

憶痕跡に依存した活性化仮説パターンを示した可能性が高い。

3-5 時間判断における加齢の影響

　本研究では，若年者と高齢者を比較したすべての実験で，高齢者は若年者よりも経過時間判断の正確さが低いという結果が示された。再認判断について検討した実験2においても，加齢による有意な再認正答率の低下がみられているため，項目自体の再認を前提とする経過時間判断の低下は，再認記憶自体の低下が原因であるとも考えられる。しかし，再認できた項目のみを分析対象としたうえで（すなわち，分母は再認できた旧項目の数），経過時間判断の正答率を比較した場合でも，高齢者は若年者よりも正答率が低く，加齢による経過時間判断の低下を再認記憶の低下のみでは説明できなかった。この結果は，項目記憶に有意差がない場合でさえ加齢による時間記憶の低下がみられることを示した先行研究 (Cabeza et al., 2000; Dumas & Hartman, 2003, Experiment 2; Hartman & Warren, 2005; Parkin et al., 1995) とも一貫しており，再認記憶以上に，時間についての記憶が加齢によって低下することが示唆される。このような経過時間判断の正答率の低下は，距離ベースのプロセスも加齢による影響を受けることを示しているのであろうか。前述したように，再認判断よりも経過時間判断の方が単に難易度が高いという理由によって年齢差が生じているという可能性がひとつある。つまり，ある程度以上の難度の課題になると，加齢による距離ベースのプロセスの低下が顕著に生じるという可能性である。

　一方，本研究の経過時間判断の正答率の差は，位置ベースのプロセスに起因するという可能性もある。本研究で用いた課題では，位置ベースのプロセスを用いた判断を行えないようにするために，可能な限り位置情報となりうる要因を排除し，かつ，反応時間を短くするという方法がとられた。しかし，位置情報を100％排除することは不可能であり，特に若年者においては，多少なりとも位置ベースのプロセスが利用可能な場合があった可能性は否めない。第2章でも述べたように，特に，実験3〜5のようなリスト弁別課題においては，1番目の学習リストの最初の方の項目に対しては，"最初"あるいは"実験の開始"といった時間的なタグが自動的に付随する。したがって，テスト時にそれらの

項目を呈示された際，短く制限された反応時間内にその時間タグを瞬時に想起できれば，最初の項目に対するリスト弁別の正答率は，その他の位置にある項目よりも正答率が高くなる。実際，若年者においては，2つのリストのうち1番目のリストの前半の項目は後半の項目よりもリスト弁別が正確であり（実験3・4），リストが3つの場合は1番目のリスト項目の正帰属率が最も高いという初頭効果がみられた（実験5）。すなわち，若年者では，瞬時の判断においても，時間タグを意識的に想起することができ，位置ベースの判断の利用が可能な場合があったと考えられる。一方，そのような強力な時間タグの存在しない状況では顕著な年齢差はなく，リスト弁別パラダイムにおいて，中央位置にある項目に対する弁別の正確さは若年者と高齢者で同程度であった。さらに，そのような位置情報がほぼ完全に利用できない状況では，若年者と高齢者は同様の文脈や頻度の効果を示していたため，加齢によって全般的に経過時間の弁別能力が低下するが，距離ベースの時間判断の基盤として利用される情報や根本的な判断のメカニズムは変化しないと考えられる。つまり，加齢による時間判断の低下の原因は，位置ベースの判断の低下にあり，距離ベースの時間判断は加齢によってほとんど影響を受けないことが示唆される。この見解は，リスト弁別課題を用いて，距離ベースと位置ベースの時間判断における加齢の効果を検討した研究や（Bastin et al., 2004; 2005），再認判断の2重プロセスにおいて，意識的想起のプロセスは加齢によって顕著に低下するが，親近性に基づく判断プロセスは加齢による影響をほとんど受けないという先行研究（Yonelinas, 2002）とも一致する。

　また，本研究の実験3・4では，注意や抑制，記憶更新といった前頭葉機能を測定する課題を行い，それらの課題成績と経過時間判断の正確さとの関係を調べた。その結果，若年者と高齢者の比較では，ほとんどすべての指標で加齢による低下が示され，さらに，記憶更新機能と経過時間判断の正確さとの間に有意な相関が示され，記憶更新能力が高い人ほど，経過時間判断の正確さが高かった。記憶更新課題では，一定の古さを超えた情報を捨てて，常に新しい情報に入れ替えるというワーキングメモリの能力が要求される。一方，経過時間判断においても，推定すべき経過時間の量そのものが時間経過とともに刻一刻と変化するため，時が止まらない限り，常に時間情報を"更新"して判断してい

かなければならない。記憶更新課題は，3〜9桁の数字を1秒に1桁ずつ呈示するという数秒スケールの記憶更新であるが，そのような更新機能が，数分スケールの経過時間判断にも関連しており，加齢による経過時間判断の正確さの低下は，更新機能の低下がひとつの要因であると考えられる。

3-6 距離ベースの経過時間判断の研究パラダイム

　距離ベースのプロセスは位置ベースのプロセスと比べて判断の正確性に欠ける，ということを我々は認識しているため，日常場面でも実験場面でも，正確な回答を求められている場合には，位置ベースのプロセスに依存した判断が行われる。しかし，距離ベースのプロセスが機能するのは，適切なランドマークを想起できず，位置ベースの判断が行えない場合のみというわけではない。位置ベースの意識的な想起によって，実際には正確な時間を知っている場合でさえ，主観的には異なる経過時間の感覚をもつことがある（下島, 2001）。たとえば，「大学卒業の年の出来事だから3年前のことだ」と分かっている場合でさえ，主観的には，1年くらいしか経ってないように感じたり，また逆に，実際よりもっと昔のように感じたりすることがあるだろう。このようなタイムギャップ感，すなわち距離ベースのプロセスを実験的に調べるためには，時間判断時に位置ベースのプロセスが利用しにくいような実験パラダイムを用いる必要がある。

　本研究では，経過時間判断課題として，時間的リスト弁別パラダイムと連続判断パラダイムの2つを用いた。両者にはそれぞれ長所と短所がある。リスト弁別パラダイムでは，リスト間の時間間隔が操作可能であり，本実験のように，数分間の経過時間を判断する課題だけでなく，1日あるいは1週間という比較的長い保持期間の後に，テストフェイズを実施することも可能である。しかし，リストによって項目を時間的に区分する場合，特に各リストの最初の方の項目のリスト弁別が容易になる（初頭効果）など（Hintzman, 1973），位置情報（時間タグ）の利用可能性が高まるため，距離ベースの判断に焦点を当てる際には各リストの最初の方の項目は分析から除外するなど，位置情報をできるだけ排除するよう工夫しなければならない。一方，連続判断パラダイムでは，そのような顕著な位置情報を排除しやすく，位置ベースの判断が行いにくいと考えられる。

しかし，刺激を連続的に呈示し，参加者はそれに対して次々と判断をしていかなければならならず，途中で休憩を挟むこともできないため，認知的負荷を考慮すると，長い経過時間の項目を多数設定することが困難であり，せいぜい数分スケールの経過時間に対する判断しか対象にできない。

さらに，本研究では，符号化時における位置情報の排除だけでなく，判断時の時間制限を短く設定することによって，位置ベースの判断が入る可能性を最小限にするよう試みた。ただし，高齢者では，瞬時の判断，特に複数のキーを瞬時に押し分けることが困難であるため，高齢者と若年者のパフォーマンスを，同じ反応時間制限で比較することが困難な場合もあった。今後は，若年者と高齢者の両者において，判断時間制限の条件を複数設けることによって，結果のパターンが異なるかどうか，活性化仮説と正確さ仮説のどちらのパターンになるかを調べることも重要であろう。

また，持続時間 (duration) の判断についての先行研究では，展望的 (prospective) な判断パラダイムと回顧的 (retrospective) な判断パラダイムで，判断の基盤となる認知メカニズムが異なることが示唆されている（レビューとして Block & Zakay, 1997）。持続時間判断では，ある特定の課題の持続時間，すなわち開始イベントから終止イベントまでの時間を判断しなければならないが，そのことをあらかじめ教示されている展望的パラダイムでは，課題中，意識的に時間情報に注意を向けることができ，判断の正確さは時間情報に配分される注意の容量に依存していることが示されている。逆に，後で持続時間を行わなければならないことを知らされていない回顧的パラダイムの場合，判断は持続時間についての偶発的な記憶の想起に依存している。したがって，前者の場合はおもに注意のプロセスが，後者の場合は記憶のプロセスが深く関与しており，脳科学研究から得られた結果からも，展望的計時と回顧的計時の基盤となる認知プロセスが異なることが支持されている (Zakay & Block, 2004)。

これらの持続時間判断研究の知見を踏まえて，本研究における経過時間判断の結果を考察すると，リスト弁別パラダイムを用いた実験では，学習時には，後のテストで経過時間判断が要求されることを知らされておらず，偶発的な学習になっており，回顧的パラダイムに対応している。経過時間テスト時には，回顧的に学習イベントを想起し，そこからテスト時現在までの経過時間を比較

して，リスト弁別を行うことになる。一方，連続判断パラダイムを用いた実験では，始めから経過時間についての判断をしなければならないことがわかっており，課題中常に，意図的に時間情報に注意を向けていることになるため，形式的には持続時間についての展望的パラダイムと類似している。しかし，連続判断パラダイムでは，学習と判断が同時並行で行われ，次々に判断すべき項目が呈示されるため，常にある特定のイベントの経過時間（同一項目の1回目の呈示から2回目の呈示までの間隔）に注意を向けていることは不可能である。そして，ほとんどの参加者の内観報告で述べられたように，連続ラグ数判断では，意識的に項目を覚えようとか，ラグをカウントしようとは試みず，同じ項目が2度呈示された（と思った）時点で，そこから1回目の呈示を振り返って（想起して）ラグ数を判断するというストラテジーをとっていた。したがって，連続判断パラダイムでは，注意やワーキングメモリなどの機能との関わりについての考慮も必要であるが，リスト弁別パラダイムと同様に，回顧的な（記憶ベースの）判断の要素が強かったと考えられ，両パラダイムで，同様のパターンの結果になったと考えられる。

3-7　まとめと今後の展望

　時間記憶についての先行研究の多くは，客観的正確さを重視した実験パラダイムや分析方法を用いており，位置ベースの時間判断プロセスに関する研究となっていた。そこで本研究では，時間判断における主観的感覚の側面に焦点をあてるため，距離ベースのプロセスに影響する要因を検討した。客観的な行動データから，人の主観的な感覚や体験を調べるために，判断のバイアスやエラーに影響する個人内要因を同定するとともに，年齢という個人間変数を導入することによって，加齢に伴う他の認知プロセスの変化との関連から，経過時間判断に関わる認知メカニズムを検討した。その結果，学習時とテスト時の文脈および学習頻度の要因は，正確さ仮説ではなく，活性化仮説のパターンを示す要因として同定され，Hintzmanの研究と一貫して，距離ベースの時間判断の基盤が記憶痕跡強度であることが示された。つまり，イベントの生起時（学習時）と現在（想起時）の文脈の一致や，生起（学習）頻度の高さなどの要因が，実

際の経過時間とは独立に，記憶痕跡の活性化レベルを高め，その結果，処理の流暢性が促進されることによって，経過時間に対する主観的感覚が強まることが示された。したがって，あるイベントの正確な生起時間（時刻）がわかっている場合でさえ，主観的には実際より最近のこと（あるいはより昔のこと）のように感じられるといったような，経過時間に対する誤った主観的感覚，すなわちタイムギャップ感は，実際の経過時間から想定される処理の流暢性（"予測された流暢性"）よりも，目下，主観的に感じている処理の流暢性（"経験された流暢性"）の方が高い場合に生じるものと考えられる。

さらに，文脈や頻度の要因の影響が自動的処理の反映であるということが，若年者と高齢者のパフォーマンスの比較によって確認された。さらに，距離ベースの時間判断プロセスは，高齢者においても保たれており，加齢によって低下するのは，主に位置ベースの時間判断プロセスであることが示された。このことは，再認判断における2つのプロセス――意識的想起に基づく判断と親近性に基づく判断――のうち，加齢によって低下するのは，意識的想起のプロセスであり，親近性をベースとした自動的処理は保たれているという見解とも一致する。時間判断課題と再認判断課題の両方において，同一の要因（文脈要因）の影響を調べることによって，処理の流暢性や想起の容易性が，距離ベースの時間判断プロセスと，親近性ベースの再認判断プロセスに共通する認知的基盤であることも示された。

また，本研究では，客観的正確さという観点からの分析によって，距離ベースの時間判断プロセスと記憶更新機能との関連性を示した。神経心理学的研究および脳機能画像研究によって，記憶更新機能が前頭葉によって担われていることが明らかにされており，前頭葉と時間記憶の想起との関連も多くの先行研究で報告されてきた。しかし，記憶更新機能と経過時間判断プロセスとの直接的関連性については，先行研究では報告されていなかった。イベントの生起時から現在までの経過時間に関わりなく一貫している位置情報と異なり，時間経過とともに絶えず変化する距離情報に基づく時間判断プロセスを解明するにあたっては，記憶更新のメカニズムとの関連性という観点からの検討が，今後，有効な切り口のひとつとなりうるであろう。

今後の研究では，研究パラダイムをさらに構造化させることによって，本研

究で得られた行動データの信頼性を高めるとともに，記憶強度とは独立に経過時間に対する主観的感覚に影響する要因があるのかどうかを検討する必要があるだろう。また，本研究では，経過時間に対する主観的感覚について，文脈と頻度という学習時の要因を検討したが，経過時間の間（学習とテストの間）に生じる要因についても検討する余地がある。さらに，より長い経過時間に対する判断においても，文脈や頻度の要因が同様の影響を与えるのかどうかを調べることや，神経心理学的研究や脳機能画像法を取り入れることによって，行動データと一貫する脳科学的知見が得られるかどうかを確かめることも今後の重要な課題である。

引用文献

Addis, D. R., & Schacter, D. L. (2008). Constructive episodic simulation: Temporal distance and detail of past and future events modulate hippocampal engagement. *Hippocampus*, **18**, 227-237.
天野成昭・近藤公久（編）(2000). NTT データベースシリーズ 日本語の語彙特性 第1巻 単語親密度 NTT コミュニケーション科学基礎研究所（監）三省堂
Bastin, C., & Van der Linden, M. (2005). Memory for temporal context: Effects of aging, encoding instructions, and retrieval strategies. *Memory*, **13**, 95-109.
Bastin, C., Van der Linden, M., Michel, A.-P., & Friedman, W. J. (2004). The effects of aging on location-based and distance-based processes in memory for time. *Acta Psychologica*, **116**, 145-171.
Block, R. A., & Zakay, D. (1997). Retrospective and prospective duration judgments: a meta-analytic view. *Psychonomic Bulletin & Review*, **4**, 184-197.
Bornstein, R. F., & D'Agostino, P. R. (1992). Stimulus recognition and the mere exposure effect. *Journal of Personality and Social Psychology*, **63**, 545-552.
Brown, J. (1958). Some tests of the decay theory of immediate memory. *Quarterly Journal of Experimental Psychology*, **10**, 12-21.
Brown, M. W., & Xiang, J.-Z. (1998). Recognition memory: Neuronal substrates of the judgment of prior occurrence. *Progress in Neurobiology*, **70**, 53-81.
Brown, N. R., Rips, L. J., & Shevell, S. K. (1985). The subjective dates of natural events in very-long-term memory. *Cognitive Psychology*, **17**, 139-177.
Burt, C. D. B., Kemp, S., & Conway, M. (2001). What happens if you retest autobiographical memory 10 years on? *Memory & Cognition*, **29**, 127-136.
Butters, M. A., Kaszniak, A. W., Glisky, E. L., Eslinger, P. J., & Schacter, D. L. (1994). Recency discrimination deficits in frontal lobe patients. *Neuropsychology*, **8**, 343-353.
Cabeza, R., Anderson, N. D., Houle, S., Mangles, J. F., & Nyberg, L. (2000). Age-related differences in neural activity during item and temporal-order memory retrieval: A positron emission tomography study. *Journal of Cognitive Neuroscience*, **12**, 197-206.
Cabeza, R., Mangles, J., Nyberg, L., Habib, R., Houle, S., McIntosh, A. R., & Tulving, E. (1997). Brain regions differentially involved in remembering what and when: a PET study. *Neuron*, **30**, 863-870.
Curran, T., & Friedman, W. J. (2003). Differentiating location- and distance-based processes in memory for time: An ERP study. *Psychonomic Bulletin & Review*, **10**, 711-717.
Diana, R. A., Peterson, M. J., & Reder, L. M. (2004). The role of spurious feature familiarity in recognition memory. *Psychonomic Bulletin & Review*, **11**, 150-156.

Downes, J. J., Mayes, A. R., MacDonald, C., & Hunkin, N. M. (2002). Temporal order memory in patients with Korsakoff's syndrome and medial temporal amnesia. *Neuropsychologia, 40*, 853-861.

Dumas, J. A., & Hartman, M. (2003). Adult age differences in temporal and item memory. *Psychology and Aging, 18*, 573-586.

Fabini, M., & Friedman, D. (1997). Dissociations between memory for temporal order and recognition memory in aging. *Neuropsychologia, 35*, 129-141.

Fisher, S. L., & Nelson, D. L. (2006). Recursive reminding: Effects of repetition, printed frequency, connectivity, and set size on recognition and judgments of frequency. *Memory & Cognition, 34*, 295-306.

Flexser, A. J., & Bower, G. H. (1974). How frequency affects recency judgments: A model for recency discrimination. *Journal of Experimental Psychology, 103*, 706-716.

Folstein, M. F., Folstein, S. E., & McHugh, P. R. (1975). "Mini-Mental State": A practical method for grading the cognitive state of patients for the clinician. *Journal of Psychiatric Research, 12*, 189-198.

Friedman, W. J. (1993). Memory for the time of past events. *Psychological Bulletin, 113*, 44-66.

Friedman, W. J. (1996). Distance and location processes in memory for the time of past events. In D. L. Medin (Ed.), *The psychology of learning and motivation* (Vol. 35, pp. 1-41). San Diego: Academic Press.

Friedman, W. J., & Wilkins, A. J. (1985). Scale effects in memory for the time of events. *Memory & Cognition, 13*, 168-175.

Fujii, T., Okuda, J., Tsukiura, T., Ohtake, H., Miura, R., Fukatsu, R., Suzuki, K., Kawashima, R., Itoh, M., Fukuda, H., & Yamadori, A. (2002). The role of the basal forebrain in episodic memory retrieval: A positron emission tomography study. *NeuroImage, 15*, 501-508.

Fujii, T., Suzuki, M., Okuda, J., Ohtake, H., Tanji, K., Yamaguchi, K., Itoh, M., & Yamadori, A. (2004). Neural correlates of context memory with real-world events. *NeuroImage, 21*, 1596-1603.

Greene, R. L. (1986). Effects of intentionality and strategy on memory for frequency. *Journal of Experimental Psychology: Learning, Memory, and Cognition, 12*, 489-495.

Guenther, R. K., & Linton, M. (1975). Mechanisms of temporal coding. *Journal of Experimental Psychology: Human Learning and Memory, 104*, 182-187.

Hartman, M., & Warren, L. H. (2005). Explaining age differences in temporal working memory. *Psychology and Aging, 20*, 645-656.

Hasher, L., & Zacks, R. T. (1979). Automatic and effortful processes in memory. *Journal of Experimental Psychology: General, 108*, 356-388.

Hasher, L., & Zacks, R. T. (1984). Automatic processing of fundamental information:

The case of frequency of occurrence. *American Psychologist*, **12**, 1372-1388.

Henkel, L. A., Johnson, M. K., & De Leonardis, D. M. (1998). Aging and source monitoring: Cognitive processes and neuropsychological correlates. *Journal of Experimental Psychology: General*, **127**, 251-268.

Henson, R. N. A., Shallice, T., & Dolan, R. J. (1999). Right prefrontal cortex and episodic memory retrieval: a functional MRI test of the monitoring hypothesis. *Brain*, **122**, 1367-1381.

Higham, P. A., & Vokey, J. R. (2000). Judgment heuristics and recognition memory: Prime identification and target-processing fluency. *Memory & Cognition*, **28**, 574-584.

Hinrichs, J. V. (1970). A two-process memory-strength theory for judgment of recency. *Psychological Review*, **77**, 223-233.

Hintzman, D. L. (1973). Contextual associations and memory for serial position. *Journal of Experimental Psychology*, **97**, 220-229.

Hintzman, D. L. (1988). Judgments of frequency and recognition memory in a multiple-trace memory model. *Psychological Review*, **95**, 528-551.

Hintzman, D. L. (2001). Judgment of frequency and recency: How they relate to reports of subjective awareness. *Journal of Experimental Psychology: Learning, Memory, and Cognition*, **27**, 1347-1358.

Hintzman, D. L. (2002). Context matching and judgments of recency. *Psychonomic Bulletin & Review*, **9**, 368-374.

Hintzman, D. L. (2003). Judgments of recency and their relation to recognition memory. *Memory & Cognition*, **30**, 745-757.

Hintzman, D. L. (2004). Time versus items in judgment of recency. *Memory & Cognition*, **32**, 1298-1304.

Hintzman, D. L. (2005). Memory strength and recency judgments. *Psychonomic Bulletin & Review*, **12**, 858-864.

Hintzman, D. L., & Block, R. A. (1971). Repetition and memory: Evidence for a multiple-trace hypothesis. *Journal of Experimental Psychology*, **88**, 297-306.

Hintzman, D. L., Summers, J. J., & Block, R. A. (1975). Spacing judgments as an index of study-phase retrieval. *Journal of Experimental Psychology: Learning, Memory, and Cognition*, **104**, 31-40.

Hopkins, R. O., Kesner, R. P., & Goldstein, M. (1995). Item and order recognition memory in subjects with hypoxic brain injury. *Brain and Cognition*, **27**, 180–201.

Huppert, F. A., & Piercy, M. (1978). The role of trace strength in recency and frequency judgments by amnesic and control subjects. *The Quarterly Journal of Experimental Psychology*, **30**, 347-354.

Huttenlocher, J., Hedges, L., & Prohaska, V. (1988). Hierarchical organization in ordered domains: Estimating the dates of events. *Psychological Review*, **95**, 471-484.

Jacoby, L. L., & Whitehouse, K. (1989). An illusion of memory: False recognition influenced by unconscious perception. *Journal of Experimental Psychology: General*, **118**, 126-135.

Janssen, S. M. J., Chessa, A. G., & Murre, J. M. J. (2006). Memory for time: How people date events. *Memory & Cognition*, **34**, 138-147.

Kelley, C. M., & Lindsay, D. S. (1993). Remembering mistaken for knowing: Ease of retrieval as a basis for confidence in answers to general knowledge questions. *Journal of Memory and Language*, **32**, 1-24.

Kemp, S. (1996). Association as a cause of dating bias. *Memory*, **4**, 131-143.

Kesner, R. P. (1998). Neural mediation of memory for time: Role of the hippocampus and medial prefrontal cortex. *Psychonomic Bulletin & Review*, **5**, 585-596.

Knutson, K. M., Wood, J. N., & Grafman, J. (2004). Brain activation in temporal sequence: An fMRI study. *NeuroImage*, **23**, 1299-1307.

Konishi, S., Asari, T., Jimura, K., Chikazoe, J., & Miyashita, Y. (2006). Activation shift from medial to lateral temporal cortex associated with recency judgments following impoverished encoding. *Cerebral Cortex*, **16**, 469-474.

Konishi, S., Uchida, I., Okuaki, T., Machida, T., Shirouzu, I., & Miyashita, Y. (2002). Neural correlates of recency judgment. *The Journal of Neuroscience*, **22**, 9549-9555.

Kopelman, M. D., Stanhope, N., & Kingsley, D. (1997). Temporal and spatial context memory in patients with focal frontal, temporal lobe, and diencephalic. *Neuropsychologia*, **35**, 1533-1545.

Maguire, E. A., & Frith, C. D. (2003). Lateral asymmetry in the hippocampal response to the remoteness of autobiographical memories. *The Journal of Neuroscience*, **23**, 5302-5307.

Mandler, G. (1980). Recognizing: The judgment of previous occurrence. *Psychological Review*, **87**, 252-271.

Mangels, J. A. (1997). Strategic processing and memory for temporal order in patients with frontal lobe lesions. *Neuropsychology*, **11**, 207-221.

Marshuetz, C. (2005). Order information in working memory: An integrative review of evidence from brain and behavior. *Psychological Bulletin*, **131**, 323-339.

Marshuetz, C., & Smith, E. E. (2006). Working memory for order information: Multiple cognitive and neural mechanisms. *Neuroscience*, **139**, 195-200.

Marshuetz, C., Smith, E. E., Jonides, J., DeGutis, J., & Chenevert, T. L. (2000). Order information in working memory: fMRI ecidence for parietal and prefrontal mechanisms. *Journal of Cognitive Neuroscience*, **12** (suppl. 2), 130-144.

Masson, M. E. J., Carroll, M., & Micco, A. (1995). Attributions of Fluency in Fame Judgments by Younger and Older Adults. *Canadian Journal of Experimental Psychology*, **49**, 287-312.

Mayes, A. R., Isaac, C. L., Holdstock, J. S., Hunkin, N. N., Montaldi, D., Downes, J. J.,

MacDonald, C., Cezayirli, E., & Roberts, J. N. (2001). Memory for single items, word pairs, and temporal order of different kinds in a patient with selective hippocampal lesions. *Cognitive Neuropsychology*, **18**, 97-123.

Nyberg, L., McIntosh, A. R., Cabeza, R., Habib, R., Houke, S., & Tulving, E. (1996). General and specific brain regions involved in encoding and retrieval of events: What, where, and when. *Proceedings of the National Academy of Sciences of the United States of America*, **93**, 11280-11285.

小野史典 (2006). 時間知覚に与える意識的・無意識的プロセスの影響 日本心理学会第70回大会 小講演

Palmeri, T., Goldinger, S. D., & Pisoni, D. B. (1993). Episodic Encoding of Voice Attributes and Recognition Memory. *Journal of Experimental Psychology: Learning, Memory, and Cognition*, **19**, 309-328.

Parkin, A. J., & Walter, B. M. (1992). Recollective experience, normal aging, and frontal dysfunction. *Psychology and Aging*, **7,** 290-298.

Parkin, A. J., Walter, B. M., & Hunkin, N. M. (1995). Relationships between normal aging, frontal lobe function, and memory for temporal and spatial information. *Neuropsychology*, **9**, 304-312.

Peterson, L. R., & Peterson, M. J. (1959). Short-term retention of individual verbal items. *Journal of Experimental Psychology*, **58**, 193-198.

Piefke, M., Weiss, P. H., Zilles, K., Markowitsch, H. J., & Fink, G. R. (2003). Differential remoteness and emotional tone modulate the neural correlates of autobiographical memory. *Brain*, **126**, 650-668.

Prohaska, V., Brown, N. R., & Belli, R. F. (1998). Forward telescoping: The question matters. *Memory*, **6**, 455-465.

Rajah, M. N., & McIntosh, A. R. (2006). Dissociating prefrontal contributions during a recency memory task. *Neuropsychologia*, **44**, 350-364.

Reder, M. L., Donavos, D. K., & Erickson, M. A. (2002). Perceptual match effects in direct tests of memory: The role of contextual fan. *Memory & Cognition*, **30**, 312-323.

Romine, C. B., & Reynolds, C. R. (2004). Sequential memory: A developmental perspective on its relation to frontal lobe functioning. *Neuropsychology Review*, **14**, 43-64.

Ross, M., & Wilson, A. E. (2002). It feels like yesterday: Self-esteem, valence of personal past experiences, and judgments of subjective distance. *Journal of Personality and Social Psychology*, **82**, 792-803.

Sagar, H. J., Gabrieli, J. D., Sullivan, E. V., & Corkin, S. (1990). Recency and frequency discrimination in the aminesic patient H.M. *Brain*, **113**, 581-602.

Schacter, D. L., & Slotnick, S. D. (2004). The cognitive neuroscience of memory distortion. *Neuron*, **44**, 149-160.

Sheffert, S. M. (1998). Contributions of surface and conceptual information to

recognition memory. *Perception and Psychophysics*, **60**, 1141-1152.
Sheffert, S. M., & Fowler, C. A. (1995). The effects of voice and visible speaker change on memory for spoken words. *Journal of Memory and Language*, **34**, 665-685.
下島裕美 (2001). 自伝的記憶の時間的体制化 ―テレスコーピングとFOGを中心として― 風間書房
Shimojima, Y. (2004). On feeling negative past as a part of current self: Subjective temporal organization of autobiographical memories. *Psychological Reports*, **95**, 907-913.
Stone, M., Gabrieli, J. D. E., Stebbins, G. T., & Sullivan, E. V. (1998). Working and strategic memory deficits in schizophrenia. *Neuropsychology*, **12**, 278–288.
Storandt, M., Kaskie, B., & Von Dras, D. D. (1998). Temporal memory for remote events in healthy aging and dementia. *Psychology and Aging*, **13**, 4-7.
Suzuki, M., Fujii, T., Tsukiura, T., Okuda, J., Umetsu, A., Nagasaka, T., Mugikura, S., Yanagawa, I., Takahashi, S., & Yamadori, A. (2002). Neural basis of temporal context memory: A functional MRI study. *NeuroImage*, **17**, 1790-1796.
Tendolkar, I., & Rugg, M. D. (1998). Electrophysiological dissociation of recency and recognition memory. *Neuropsychologia*, **36**, 477-490.
Trott, C. T., Friedman, D., Ritter, W., Fabiani, M., & Snodgrass, J. G. (1999). Episodic priming and memory for temporal source: Event-related potentials reveal age-related differences in prefrontal functioning. *Psychology and Aging*, **14**, 390-413.
Umeda, S., Akine, Y., Kato, M., Muramatsu, T., Mimura, M., Kandatsu, S., Tanada, S., Obata, T., Ikehira, H., & Suhara, T. (2005). Functional network in the prefrontal cortex during episodic memory retrieval. *NeuroImage*, **26**, 932-940.
Whittlesea, B. W. A. (1993). Illusions of familiarity. *Journal of Experimental Psychology: Learning, Memory, and Cognition*, **19**, 1235-1253.
Whittlesea, B. W. A., Jacoby, L. L., & Girard, K. (1990). Illusions of immediate memory: Evidence of an attributional basis for feelings of familiarity and perceptual quality. *Journal of Memory and Language*, **29**, 716-732.
Whittlesea, B. W. A., & Price, J. R. (2001). Implicit/explicit memory versus analytic/nonanalytic processing: Rethinking the mere exposure effect. *Memory & Cognition*, **29**, 234-246.
Wiggs, C. L. (1993). Aging and memory for frequency of occurrence of novel, visual stimuli: Direct and indirect measures. *Psychology and Aging*, **8**, 400-410.
Yasuno, F., Hirata, M., Takimoto, H., Taniguchi, M., Nakagawa, Y., Ikejiri, Y., Nishikawa, T., Shinozaki, K., Tanabe, H., Sugita, Y., & Takeda, M. (1999). Retrograde temporal order amnesia resulting from damage to the fornix. *Journal of Neurology, Neurosurgery, and Psychiatry*, **67**, 102-105.
Yonelinas, A. P. (2002). The nature of recollection and familiarity: A review of 30 years of research. *Journal of Memory and Language*, **46**, 441-517.
Zakay, D., & Block, R. A. (2004). Prospective and retrospective duration judgments:

an executive-control perspective. *Acta Neurobiologiae Experimentalis*, **64**, 319-328.

著者による関連論文・著書

矢野円郁（2010）経過時間判断に及ぼす経験頻度の潜在的効果と顕在的判断力の影響　心理学研究, **80**(6).

矢野円郁（2009）時間記憶の2つのプロセス―経過時間に対する主観的感覚の解明に向けて―　心理学評論, **52**(2), 228-244.

矢野円郁（2009）経過時間判断における呈示頻度と文脈の効果　中京大学心理学研究科紀要, **8**(2), 33-41.

Yano, M., Umeda, S., & Mimura, M. (2008) Preserved priming but insensitivity to perceptual fluency on recognition judgments in Alzheimer's disease. *Psychogeriatrics*, **8**, 178-187.

矢野円郁（2006）記憶における経過時間とその主観的感覚　慶應義塾大学社会学研究科紀要, **62**, 89-103.

矢野円郁・伊東裕司（2004）再認記憶の確信度評定に及ぼす親近性と意識的想起の影響　心理学研究, **75**(4), 324-330.

三村 將・矢野円郁（2008）　21章 時間認知　渡辺 茂・岡市広成（編）比較海馬学　ナカニシヤ出版

事項索引

あ行
アクセス可能性仮説（accessibility hypothesis） 19
アルツハイマー型認知症（痴呆） 21
意識的想起（recollection） 6
意識的想起説 86
位置ベース（location-based） 3, 4

か行
回顧的パラダイム 94
学習時想起（study-phase retrieval） 72
活性化仮説（activation hypothesis） 14
記憶更新課題 46, 92
機能的磁気共鳴画像法（fMRI） 11, 20
逆向テレスコーピング（backward telescoping） 18
境界モデル（boundary model） 19
強度理論 4
虚再認（false recognition） 26
距離ベース（distance-based） 3, 4
空間的文脈記憶 85
経過時間の判断（Judgment of Receney） 14
健忘症 12, 90
再構成理論 4
時間距離感（recency/remoteness） 84
時間系列順序課題 12
時間順序判断課題 12
時間タグ理論 4
時間知覚（time perception） 87
時間的文脈記憶 85
事象関連電位（ERP） 7
持続時間（duration）の判断 94
字体一致効果 31, 86
順向テレスコーピング（foward telescoping） 18
処理の流暢性（processing fluency） 31, 83
処理の流暢性説 86
親近性（既知感（familianty）） 6, 84
数唱課題 46

さ行
ストループ課題 46
正確さ仮説（accuracy hypothesis） 14
想起のしやすさ（ease of retrieval） 31, 83
ソース記憶（source memory） 85
ソースモニタリング 29, 84

た行
タイムギャップ感 19, 23, 93, 96
多次元痕跡仮説（multiple-trace hypothesis） 55, 72, 89
展望的パラダイム 94

な行
2重プロセスモデル（dual-process models） 6, 86
年代順体制化理論 4

は行
Brown-Peterson パラダイム 71
文脈一致仮説（context-matching hypothesis） 14
文脈連合理論 4

ま行
ミラー効果 24

や行
陽電子放出断層撮影法（PET） 11, 12

ら行
リスト弁別課題 12
Remember/Know/Guess 手続き（RKG） 8
Remember/Know 手続き 14
累積強度仮説（cumulative strength hypothesis） 55, 89
連続再認課題 14

わ行
ワーキングメモリ 53, 70, 92

人名索引

A
Addis, D. R.　20
天野成昭　32, 64

B
Bastin, C.　3, 8, 18, 70, 85, 92
Belli, R. F.　19
Block, R. A.　55, 72, 89, 94
Bornstein, R. F.　83
Bower, G. H.　4, 71
Brown, J.　70
Brown, M. W.　24
Brown, N. R.　19
Burt, C. D. B.　19
Butters M. A.　10

C
Cabeza, R.　11, 24, 91
Carroll, M.　83
Chessa, A. G.　19
Conway, M.　19
Curran, T.　3, 7

D
D'Agostino, P. R.　83
De Leonardis, D. M.　85
Diana, R. A.　86
Dolan, R. J.　11
Donavos, D. K.　86
Downes, J. J.　12, 13
Dumas, J. A.　24, 91

E
Erikson, M. A.　86

F
Fabini, M.　11, 54
Fisher, S. L.　54
Flexer, A. J.　4, 71
Folstein, M. F.　32

Folstein, S. E.　32
Fowler, C. A.　86
Friedman, D.　11, 54
Friedman, W. J.　3, 4, 5, 7, 19, 85
Frith, C. D.　20
Fujii, T.　11, 12, 17, 85

G
Girard, K.　83
Goldinger, S. D.　86
Goldstein, M.　13
Grafman, J.　20
Greene, R. L.　64
Guenther, R. K.　4

H
Hartman, M.　24, 91
Hasher, L.　63
Hedges, L.　19
Henkel, L. A.　85
Henson, R. N. A.　11
Higham, P. A.　37
Hinrichs, J. V.　5
Hintzman, D. L.　14-17, 19, 24, 30, 31, 35, 55,
　70, 72, 88, 89, 93, 96
Hopkins, R. O.　13
Hunkin, N. M.　11
Huppert, F. A.　90
Huttenlocher, J.　19

J
Jacoby, L. L.　37, 83, 90
Janssen, S. M. J.　19
Johnson, M. K.　85

K
Kaskie, B.　21
Kelley, C. M.　83
Kemp, S.　18, 19
Kesner, R. P.　13

人名索引

Kingsley, D.　9
Knutson, K. M.　20
近藤公久　32, 64
Konishi, S.　11, 13
Kopelman, M. D.　9

L

Lindsay, D. S.　83
Linton, M.　4

M

Maguire, E. A.　20
Mandler, G.　54
Mangels, J. A　9
Marshuetz, C.　13, 71
Masson, M. E. J.　83
Mayes, A. R.　13
McHugh, P. R.　32
McIntosh, A. R.　11
Micco, A.　83
Murre, J. M. J.　19

N

Nelson, D. L.　54
Nyberg, L.　85

O

小野史典　87

P

Palmeri, T.　86
Parkin, A. J.　11, 24, 31, 45, 91
Peterson, L. R.　70
Peterson, M. J.　70, 86
Piefke, M.　20
Piercy, M.　90
Pisoni, D. B.　86
Price, J. R.　37, 54
Prohaska, V.　19

R

Rajah, M. N.　11
Reder, L. M.　86

Reynolds, C. R.　8
Rips, L. J.　19
Romine, C. B.　8
Ross, M.　19
Rugg, M. D.　11

S

Sagar, H. J.　12
Schacter, D. L.　20, 26
Shallice, T.　11
Sheffert, S. M.　86
Shevell, S. K.　19
下島裕美　3, 18, 93
Shimojima, Y.　19
Slotonick, S. D.　26
Smith, E. E.　13
Stanhope, N.　9
Stone, M.　71
Storandt, M.　21
Summers, J. J.　72
Suzuki, M.　11

T

Tendolkar, I.　11
Trott, C. T.　11

U

Umeda, S.　26

V

Van der Linden, M.　18
Vokey, J. R.　37
Von Dras, D. D.　21

W

Walter, B. M.　11, 31
Warren, L. H.　24, 91
Whitehouse, K.　37, 90
Whittlesea, B. W. A.　37, 54, 83
Wiggs, C. L.　63
Wilkins, A. J.　4
Wilson, A. E.　19
Wood, J. N.　20

X

Xiang, J.-Z. 24

Y

Yasuno, F. 22

Yonelinas, A. P. 6, 31, 87, 92

Z

Zacks, R. T. 63
Zakay, D. 94

著者紹介

矢野円郁（やの　まどか）

2001 年　東京大学文学部行動文化学科卒。
2007 年　慶応義塾大学社会学研究科単位取得退学。博士（心理学）。
現在，中京大学心理学部助教。
専攻：認知心理学，神経心理学，社会心理学。
主著に『誤解の理解　対話 115 例で解説するコミュニケーション論』
〔共著〕（あいり出版，2009 年）比較海馬学〔共著〕（ナカニシヤ出版，2008 年）など。

時間記憶の認知心理学
──記憶における経過時間とその主観的感覚──

2010 年 2 月 28 日　初版第 1 刷発行

　　　　　　著　者　矢野円郁
　　　　　　発行者　中西健夫
　　　　　　発行所　株式会社ナカニシヤ出版
　　　　　　〒606-8161　京都市左京区一乗寺木ノ本町 15 番地
　　　　　　　　　　　　Telephone　075-723-0111
　　　　　　　　　　　　Facsimile　075-723-0095
　　　　　　　Website　http://www.nakanishiya.co.jp/
　　　　　　　Email　iihon-ippai@nakanishiya.co.jp
　　　　　　　　　　　　郵便振替　01030-0-13128

装幀＝白沢　正／印刷＝ファインワークス／製本＝兼文堂
Copyright Ⓒ 2010 by M. Yano
Printed in Japan.
ISBN978-4-7795-0423-5